AF717368

Das große Buch

MOIN

Alles über Krabben, Klönschnack & Kultur
aus dem Moinland

LAPPAN

MOIN

ist für uns alle da!

„Moin“

Kommt dieses Wort auf den ersten Hinhörer doch eher unscheinbar daher, steckt bei genauerer Betrachtung hinter diesem trockenen Understatement doch eine ganze Menge mehr! Denn „Moin" ist nicht einfach nur ein Grußwort, „Moin" beschreibt den Charakter und die liebenswerten Eigenheiten einer ganzen Region. Es steht für ein Lebensgefühl, das allein durch seinen Klang schon kundtut, dass bei uns Nordlichtern am liebsten ***loggä durch die Hose geatmet wiäd*** und dass wir ***Fünfe so gut gerade sein lassen können*** wie den ***schiefen Turm von Suurhusen*** (er gilt als der am zweitstärksten unabsichtlich geneigte Turm der Welt). „Moin" beschreibt die zurückgenommene Kultur der Norddeutschen - die, Umfragen zufolge, übrigens die glücklichsten Menschen Deutschlands sind - es steht für ein ganzes, ein regelrechtes ... ja, nennen wir es ruhig: MOINland!

Wir merken also, es tut absolut not, dass wir diesem eine ganze Region verbindenden Wörtchen ein großes Buch widmen. Eines, das uns aufklärt über all die kleinen Merkwürdigkeiten wie „Das Märchen der ‚Nordseekrabbe'", eines, das dem Kulturgut Labskaus auf den Zahn fühlt und die kulturellen und geschichtlichen Besonderheiten von Stadt, Strand und Land beleuchtet. Nicht zuletzt wird auch die skurrile Schönheit der norddeutschen Sprache mit Ausdrücken wie ***„doppelt gemoppelt“***, ***„muggelich“*** oder ***„Kuddelmuddel“*** erklärt. Und wer schnacken möchte wie ein echtes Nordlicht, für den gibt es den Moin-Sprachkurs ***Sagen Sie mal, sind Sie von hier?*** zum Selber-Nachhören per QR-Code.

Und das alles so gediegen in einem Buch? Was sagt man dazu?

Am besten ...

„MOIN!“

MOIN-BASICS

Zum besseren Einstieg noch mal für alle zusammengefasst:

„MOIN" kommt aus dem Niederländischen, wo *„moin"* *„schön"* bedeutet und man sich einen *„moien Dag"*, also einen schönen guten Tag, wünscht.

Wenn man aber (mal angenommen) zehn Leuten hintereinander „einen schönen guten Tag" wünschen muss, dann erscheint auch diese eigentlich kurze Phrase irgendwann sperrig und muss durch etwas Kürzeres, Praktischeres ersetzt werden. Und so tauchte im heutigen Ostfriesland und danach sehr rasch auch im gesamten Norden Deutschlands die Kurzformel **„MOIN"** auf.

„MOIN". Einfach, gut und sehr schnell bei allen im Norden sehr beliebt.

Denn anders als *„Guten Tag"* schafft *„Moin!"* statt Abstand sofort eine Nähe zwischen dem Grüßenden und dem Gegrüßten, ohne dabei auch nur in irgendeiner Form übergriffig zu wirken oder Sie als Laber-Hannes oder Schnatter-Triene dazustehen zu lassen.

Ein Beispiel: Wenn man im Land des MOIN von der Polizei angehalten wird, „die Fahrzeugpapiere bitte", dann kann man die Beamten problemlos mit *„Moin"* begrüßen und die Lage entspannt sich (wenn man von der Verkehrswacht nicht sowieso schon mit einem breiten *„Moin"* oder einem leicht jovialen *„Moinsen"* begrüßt wurde).

Und ganz ehrlich: Machen Sie das mal in Bayern oder Baden-Württemberg bei einer Polizeikontrolle. Sie werden staunen ...

FORSCHUNGSSTAND MOIN ZUSAMMENGEFASST:

Offizielle MOIN-Abwandlungen sind:
Moinsen, Mo-hoin, Moini, Moininger
und Moin, Moin.*

*„MOIN, MOIN" eher als Antwort auf „MOIN", meist nicht initiativ!

„MOIN" kann man zu jeder Tageszeit sagen.

„MOIN" beschreibt Sprache und Kultur einer ganzen Region.

Morgens „MOIN"
Mittags „MOIN"
Abends „MOIN"

FALSCH: „MEUN", „MÄUN" und „MOJN"
RICHTIG: „MOIN"

ABSOLUTES NO-GO: Moinikowski!!!

NORDDEUTSCHLAND: WO SCHÖNHEIT NOCH VON INNEN KOMMT

MOIN-KULTUR „da längs“

oder warum der Norden „rechts“ und „links“ gar nicht braucht

Trotz des besten Navigationsgeräts und Google und Co. kommt es auf den kleinen Dorfstraßen des Nordens und einer manchmal recht eigentümlichen Beschilderung immer wieder vor, dass man die Ferienwohnung oder das angestrebte Hotel nicht sofort im ersten Anlauf findet, sodass man am Ende einen Einheimischen zurate ziehen und nach dem Weg fragen muss.

Hier ist es nun nützlich, ein wenig im Norddeutschen „zu Hause" zu sein und zumindest zu wissen, dass Puristen vom Schlage Nordmensch von komplizierten Wegbeschreibungen mit irreführenden Adjektiven wie „links" und „rechts" einigerorts rein gar nichts halten. Wie bei „Moin" gilt auch hier: Warum zwei Worte, wenn man doch wunderbar mit nur einem auskommt? Eine typische norddeutsche Wegbeschreibung ohne Firlefanz wie „links" und „rechts" hört sich deshalb so an:

Zum Deichkieker? Ja, pass auf: Da mussu ersma da längs und denn mussu da längs, dann da längs und wennsu denn an' Deich so'n großes Haus siehs, denn noch einmal da längs. Denn bissu auch schon da!

Wenn es gut läuft, macht der Wegweisende mit Arm oder Hand ein paar minimale Links-rechts-Bewegungen, woraus Sie seine Anweisungen in Gedanken mit dem Links-rechts-Schema ihrer eigenen Muttersprache abgleichen können.

Geübte Norddeutsche jedoch verlassen sich bei Hinweisen mit dem Wortpaar *„da längs“* einfach auf ihr nordisches Herz und fahren, wie man es Ihnen gesagt hat, erst einmal da entlang, dann dort entlang und irgendwann steht man eben tatsächlich vor seinem Reiseziel und freut sich, dass wieder einmal alles so gut gelaufen ist.

LERNBOX:

Merke:
„links"/"rechts"? egal!

Zur Wegbeschreibung genügt ein simples „da längs".

GRUSS-KUDDELMUDDEL IN DEUTSCHLAND

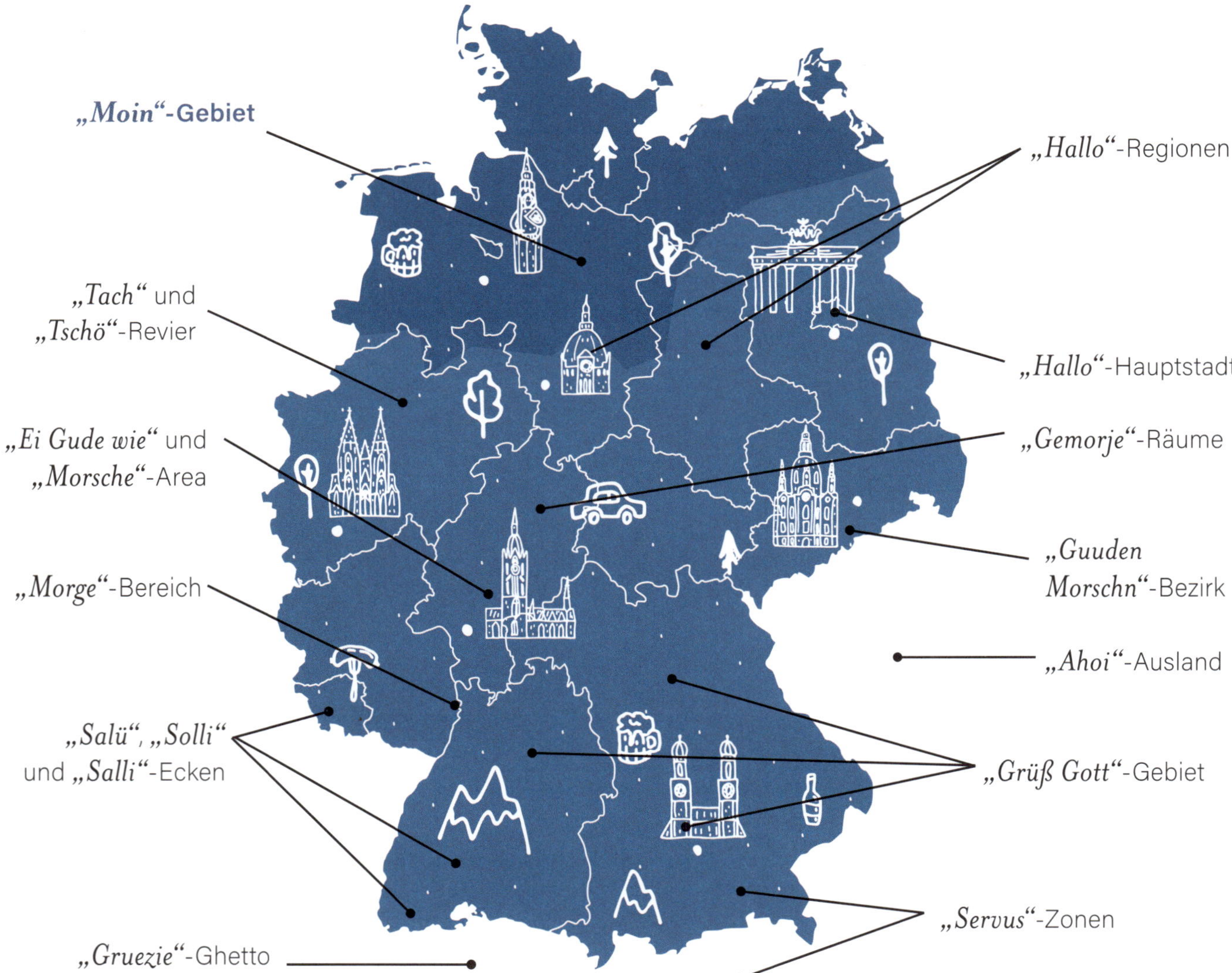

GRÜSS GOTT? SERVUS? NEE … **MOIN!**

Man ist als Norddeutscher ja immer zurückhaltend und stellt sein Licht eher unter den Scheffel, als dass man die große Welle macht, aber Leute, Hand aufs Herz: Wenn man sich auch nur einen klitzekleinen Moment das totale Kuddelmuddel auf der Seite hier links von uns ansieht, dieses völlige aus der Form geratene Durcheinander von Begrüßungsformeln in Deutschland und Co., kann man da nicht schon ein wenig neidisch auf den Norden werden?

Mit **MOIN!** haben wir die eine funktionierende und dabei völlig zurückhaltende und niemand über- oder unterfordernde Grußformel. Nicht, dass wir Nordlichter in nur irgendeiner Form gegen Vielfalt oder am Ende sogar für so was wie Gleichschaltung wären, aber wenn man sich das Durcheinander da links betrachtet, dann erfüllt es Fans des **MOIN** neben Erleichterung (dass man mit diesem Kuddelmuddel aber so gar nix zu tun hat) auch mit einer Art Stolz, einen Weg gefunden zu haben, dass sich selbst wildfremde Menschen jeden Morgen, Mittag und Abend auf angenehme Art begrüßen können und dabei nicht innerlich irgendetwas mitunterschreiben müssen, hinter dem sie vielleicht gar nicht stehen. Denn was soll ich als beispielsweise Nicht-Christ mit *Grüß Gott* anfangen? Also nichts gegen Glauben an sich, aber was, wenn mein Gott ganz anders heißt oder ich mit beispielsweise Monotheismus oder vielleicht auch mit Göttern allgemein gar nichts anfangen kann? Muss ich wie zur Umerziehung täglich drei Mal darauf aufmerksam gemacht werden, wie es in diesem Landstrich „richtig heißt"?

Und warum soll ich mich mit *Servus*, das von dem Wort „Diener/Sklave" abgeleitet ist, jedes Mal vor meinem Gegenüber verbal in den Staub werfen, nur weil ich ihm/ihr 'nen schönen Tag wünschen will? Und kann ein *Hallo*, egal, wie viel Mühe man sich gibt, jemals die menschliche Wärme entwickeln (bei gleichzeitiger absoluter Zurückhaltung) wie ein lang gezogenes, tief aus dem Herzen kommendes *„Mooooin"*? … Okay, … bevor dieser Text seine norddeutsche Selbstbeherrschung verliert und anfängt, Dinge zu fordern wie *„MOIN für alle!"* oder *„Ein Land, ein MOIN"*, nur das eine noch: **KINNERS!** Denkt immer dran, wie geil, äh … praktisch und extrem megastark diese wunderschöne und dennoch völlig zurückgenommene Begrüßungsformel doch ist. Keiner schaut auf euch herab, wenn ihr *„Moin"* sagt und keiner erwartet von euch, dass ihr einen Diener macht oder dass ihr euch bis zur Verblödung gegenseitig etwas vorgrinst.

NEIN, WIR SAGEN „MOIN", EINFACH NUR „MOIN".

Regen ist erst, wenn die Heringe auf Augenhöhe vorbeischwimmen.

MOIN-SPRACHKURS

„Sagen Sie mal, sind Sie von hier?“

„Wichtig ist, wie man es ausspricht“, wusste schon Amerika-Erstbesegler Leif Erikson, der sich vor seiner Wild-West Expedition noch schnell die wichtigsten Phrasen der Indianersprachen „draufgeschafft“ hatte. Sein Geheimnis: Worte aus der eigenen Sprache nehmen, um daraus Sätze in der neuen Sprache zu machen. Also in etwa wie Kennedy, der sich auf einen Zettel aufgeschrieben hatte: „Egg bin an Berliner“ (oder so).

LEKTION 1: AU BONE PHONE

Mit der Phrase *„Au Bone Phone“* können Sie von Anfang an ein gelungenes Willkommensgespräch mit der Vermieterin Ihrer Ferienwohnung erzielen. Sprechen Sie zunächst das Wort *„AU!“*, als hätten Sie sich an einem Stachel der Hagebuttenpflanze gepiekt: ***„AU!“***

Und nun die englischen Vokabeln ***„Bone“*** und ***„Phone“***.
Wenn Ihre Zimmerwirtin bei Ihrer Ankunft nun fragt:
„Und? Wie seid ihr hekomm‘? Seid ihr Au Bone Phone?“ (in etwa: „Wie war Ihre Anreise? Viel Verkehr?“)
Dann antworten Sie selbstbewusst mit:
„Jo, wir sin ***Au Bone Phone.****“* (in etwa: „Ging so. Wir sind die Autobahn gefahren.“)
Und höchstwahrscheinlich kommt es erstaunt zurück:
„Ah, Au-Bone-Phone! Sagen Sie mal, sind Sie von hier?“

UNSER MOIN-ONLINE-KURS
Zum Erzielen eines noch größeren Lerneffekts einfach die Lektion mit dem QR-Code anwählen:

LEKTION 1
Au Bone Phone

LEUCHTTURM-HUMOR 1

WIE GOTT AM DRITTEN TAG DEN STRAND SCHUF

und am Ende des sechsten Tages nachbessern musste

„So. Was kommt als Nächstes?“ dachte Gott zur Mittagszeit des dritten Schöpfungstages, nachdem sich das In-die-Welt-Setzen von Bergen und Tälern als einfacher und weniger zeitaufwendig erwiesen hatte, als ursprünglich einkalkuliert. Er besah sich sein aktuelles Projekt und hatte sofort die nächste Idee: *„Was ist mit der Grenze von diesem ganzen nassen Teil, diesem Dings?“* Schnell notierte er auf einem Post-it NAMEN FINDEN!

See? Meer? Oder was jetzt? Und überlegte dann weiter: *„Also, die Grenze zwischen nassem und trockenem Teil? Könnte man da nicht mit einem Werkstoff wie wunderbar feinem Sand arbeiten und eine Zone schaffen, wo sich die Geschöpfe, die ich allerdings noch schöpfen muss …“* Gott sah auf seinen Kalender und spezifizierte *„… die ich am Samstag noch schöpfen muss, … wo sich also diese Geschöpfe dann der Länge nach in die Sonne legen könnten und der Körper dann ganz weich und ergonomisch perfekt vom Sand gestützt wird. So könnte man dort dann stundenlang ausharren und sich des Lebens freuen.“*

Gesagt, getan und schon wenige Stunden später hatten fast alle Wasser-Land-Übergänge Strände, auch die des Nordens. Sandstrände, wie geschaffen für einen Werbespot, auf dem junge Menschen mit perfekten Körpern zu „lalala-Bacardi-Rum" so erfolgreich Alkohol konsumieren würden, als sei es Limonade.
Gott erklärte seine Arbeit für gut und schlief die ganze Nacht durch, schuf danach Sterne und Leben im Wasser, was ihm alles relativ leicht von der Hand ging. Am Abend des sechsten Tages - Gott hatte seit kurz nach zwölf unablässig an seinem bis dato schwierigsten Projekt *„Mensch“* herumgetüftelt und dieses erst nach vielem Hin und Her am späten Abend auf zwei Beine stellen können - begab sich Gott dann wieder gähnend in sein Himmelbett. Er schlief sofort tief ein, erwachte dann aber kurz vor Mitternacht aus einem ganz merkwürdigen Traum: Irgendwas mit diesem Adam, einem weiteren Geschöpf namens Eva, einer Schlange und 'ner Birne oder vielleicht war es auch ein Apfel. Egal, auf jeden Fall fragte sich Gott plötzlich, ob sein Menschenprojekt vielleicht doch nicht ganz das Gelbe von Ei (sein ganzer Stolz) war.

Er sah auf die Uhr. Schöpfungstag sechs stand vor seinem unmittelbaren Ende und morgen wollte er sich doch freinehmen, das hatte er sich schließlich geschworen, bei Gott. Was also tun? Konnte man das Projekt ‚Mensch' in den verbleibenden 10 Minuten noch mal schnell umbauen und perfektionieren? Eher nein, war er sich sicher. Aber vielleicht konnte man ja etwas anderes tun! Denn eventuell war er bei seinem Projekt *„Strand"* doch ein wenig zu gutmütig gewesen! In nur neun Minuten mischte er nun einer Vielzahl der wunderschönen feinen Sandstrände auf die Schnelle groben Sand bei und schüttete rasch alle Arten von Steinen dazu: sowohl dicke, grobe unförmige als auch spitze kleine, die seiner Schöpfung mal so richtig die Fußsohlen aufschürfen würden.

Er erfand den Sonnenbrand, Parkverbotszonen in Strandnähe, spickte ganze Strandabschnitte mit Katamaranen, Bootstrailern und was sonst noch die Lust nimmt, sich dort auf ein Badetuch zu legen, er legte an vielen Stellen miefige Algen- und Tangteppiche aus, warf ein paar Feuerquallen dazu, stellte an einigen Orten Zäune auf und erfand fast schon ein wenig böswillig die Kurtaxe.

Und weil er immer noch drei Minuten Zeit hatte, wollte er diesem Adam auch noch schnell ganz persönlich eins auswischen und besetzte ihn mit einem ganz eigenartigen Fluch:
Im Schweiße seines Angesichts sollte dieser während seines Urlaubs am Meer nicht einen Moment ruhen, sondern stattdessen, einem inneren Zwang folgend, Tag auf Tag kleine und dann immer größere Sandburgen bauen, die dann ebenso tagein, tagaus von einem unvorsichtig über den Strand latschenden und permanent in die Luft guckenden Kind zertrampelt werden. Und das Ganze ohne Abbruch, bis der Tag der Abreise kommt!

Gott überlegte, ob er es schaffen würde, in nur der einen verbleibenden Minute dieses Kind zu erschaffen. Dann aber vertraute er einfach mal auf das Universum und damit irgendwie auch sich selbst, dass das alles von selber kommen würde oder, wie der Norddeutsche sagt (diesen Satz mit einer gewissen Urweisheit hatte er bereits am Nachmittag geschöpft):

Dat löpt sich allens torecht.

SCHNACK ZWISCHEN HAMBURG UND BREMEN

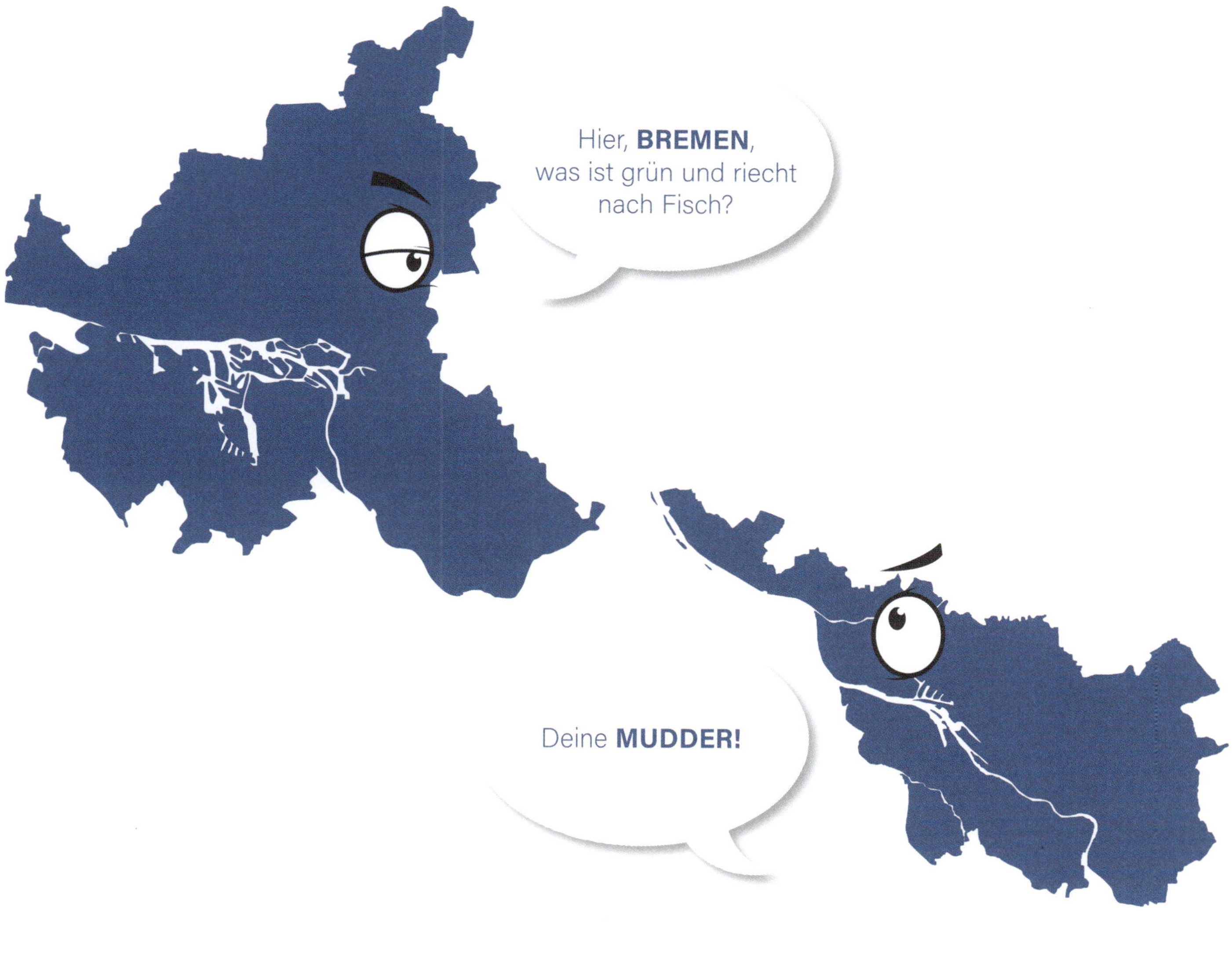

DIE GROSSE NORDSEEKRABBEN-LÜGE!

Nordseekrabben und Co.: Kulinar-Kult oder Fake Food?

Von vielen Dingen in Norddeutschland hat man schon gehört, bevor man überhaupt das erste Mal einen Fuß in das Land von Nord- und Ostsee gesetzt hat. Dazu gehören auch traditionelle Köstlichkeiten wie Nordseekrabben, Rollmöpse und Labskaus. Doch Vorsicht! Hinter diesen norddeutschen Spezialitäten verbirgt sich etwas anderes als ihr Name vorgibt.

STARTEN WIR MIT DER NORDSEEKRABBE:
Schon das weit bis nach Süddeutschland bekannte „Krabbenpulen" ist etwas, das seinem Namen überhaupt nicht gerecht wird, denn die sogenannte Nordseekrabbe ist überhaupt keine Krabbe, sondern eine Garnele. Wer auch nur einmal in seinem Leben eine Krabbe gesehen hat und diese mit dem Belag eines Büsumer Krabbenbrötchens vergleicht, merkt sofort den Unterschied. Garnelen haben einen länglichen Körper mit zwei Beinpaaren. Krabben dagegen haben einen runden Körper/Panzer und zwei Scheren, von denen eine oft etwas größer und gefährlicher ist als die andere (und versuchen Sie mal an 'ner fangfrischen Krabbe rumzupulen, spätestens dann merken Sie den Unterschied).

Finde den Fehler:

Garnele Krabbe

Von wegen „Krabbe", die Nordseekrabbe ist eine Garnele!

Für viele bestimmt genauso enttäuschend lässt sich über den Rollmops leider auch nichts Besseres sagen, als dass es sich hier ebenfalls in keiner Weise um einen Mops handelt! Nur das „Roll" stimmt, denn der Hering (wahlweise gebraten, geräuchert, mariniert oder in Salzlake fermentiert (Matjes)) wird zusammen mit meistens Gurke, Zwiebel und Gewürzen eingerollt. Der Hund bleibt in der norddeutschen Küche also verschont, immerhin ein kleiner Trost.

Und als ob das alles noch nicht genügt, haben Forscher der Uni Neuharlingersiel nun festgestellt, dass auch Labskaus fast überhaupt kein „Labs" und nur noch gelegentlich Spuren von „Kaus" enthält! Stattdessen werden bei dieser ehemaligen Schiffsmahlzeit Kartoffeln, Rindfleisch (früher Pökelfleisch), eingelegte Gurken und Rote Bete gekocht und durch einen Fleischwolf gedreht. Wer das Gericht, zu dem der Begriff „Moppelkotze" auf jeden Fall besser passt, einmal nachkochen möchte, der findet das Rezept auf Seite 79.

DU GEHÖRST IN DEN NORDEN, WENN:

- ⚓ ***Die Schafe vom Deich wehen und du fragst: „Wind? Wo denn, bitte?“***
- ⚓ ***Du Sonnencreme für einen Nachtisch hältst.***
- ⚓ ***Du „Tschö“ nicht mit „ö“, sondern mit „üß“ sagst: „Tschüß.“***

WIR SCHREIBEN EINEN NORDKRIMI – TEIL 1

DER TITEL

Nordkrimis sind der Renner in den Buchhandlungen an Küste und Co. Und wen es bei schlechtem Wetter mal in einen Buchladen treibt, der findet hier ganze Regelwände voll mit blutigen Geschichten vor düsterer Wind- und Meereskulisse. Auffällig auch, dass sich die Titel der Krimis irgendwie alle ähneln. Und das hat einen Grund: Der literaturkritische deutsche Heimatkrimifan gilt als sehr wählerisch und möchte bei seinem wohlüberlegten Buchkauf bereits vom Titelklang „voll abgeholt werden"!
Deshalb stecken Autoren und Verlage traditionell 60% ihrer Arbeitszeit in das Finden des perfekten Nordkrimi-Titels. Er sollte zum Beispiel nicht zu lang sein, er sollte eine Prise „Thrill" und einen Hinweis auf den Norden enthalten und dabei sollte möglichst treffsicher umschrieben sein, worum es in dem Schmöker überhaupt geht.
Gängige Praxis und dabei simpel, aber effektiv ist es, den Namen einer passenden Urlaubsgegend zu wählen: Ostfriesland, Nordfriesland, ... und diesen mit nur einem einzigen weiteren Wort aus dem semantischen Feld: Schrecken/Furcht/Krimi zu erweitern.
ZUM BEISPIEL: Nordfriesen Mord! Oder Nordfriesen Angst, Nordfriesen Sünde, ... Stolz, Abrechnung, Hölle, Tod, etc.

Aber Achtung, dieses Erfolgsrezept funktioniert schon gleich viel schlechter, wenn man eine Insel im Titel hat! Baltrumer Mord? Klingt nicht richtig!
Wer sich also den Spiegel-Bestseller-Sticker für sein Cover ersehnt, sollte hier umdenken und das „Böse" voranstellen, zum Beispiel: *„Die bösen Augen von Baltrum"* oder *„Tödlicher Cocktail Föhr"*.
Andere Möglichkeit: Man gibt dem Ermittler (oder dem Verdächtigen) eine Chance: *„Der Bulle von Sylt"* oder *„Das Ekel von Emden."*
Umdenken ist auch erforderlich, wenn die Krimi-Region statt einer Himmelsrichtung wie in ‚Nordsee' oder ‚Ostsee' gleich zwei im Titel hat, denn *„Ostwestfalen-Blut"* klingt gleich viel weniger attraktiv als *„Ostfriesen-Gift"* oder *„Nordsee-Schwur"*.
Oftmals wird auch ein maritimer Begriff als dritte Zutat beigemischt: Deich, Koog, Sund, Förde, Mast, Kurs, Wasser, Sonne, Meer, ...
Wenn wir also den idealen Titel für unseren Nordkrimi suchen, sollten wir uns ausschließlich aus diesen drei Töpfen bedienen:

1 Region
2 Wort aus dem semantischen Feld: Schrecken/Furcht/Krimi
3 Optional: ein maritimer Begriff

Bastele dir deinen Nord-Bestseller aus diesen Zutaten:

REGION:
Dithmarschen
Fehmarnsund
Norder...
Süder...
Nord
Aurich
Niebüll
Ankumersiel
Fehmarn
Ritzenbüttel
Friesland
Langeoog
Pellworm
Marschlande
Angeln
Schleswig
Helgoland ...

MARITIMER BEGRIFF:
Förde
Bucht
Belt
Sund
Bug
Strandmuschel
Düne
Leuchtturm
Leuchtfeuer
Mast
Wind/Gegenwind
Gischt
Sturm
Flut
Watt ...

WORTFELD: „SCHRECKEN/ FURCHT/KRIMI“
Killer
kalt / eiskalt
Tote /tödliche Dosis
dunkel / das Dunkel
Tränen
Mord/Morde/Mörder
Sucht
Tod/Todes-
Zorn
Begierde
Angst
Skrupel
Obsession
Spur
Indiz
Verdacht ...

ZUM SELBST-EINTRAGEN:
____
____
____
____
____
____
____
____
____
____
____
____
____
____

ERGIBT Z.B.: *Der Strandmuschel-Würger | Husumer Killer-Cocktail | Das Dunkel vom Fehmarnsund | Tödliche Dosis Bad Bederkesa Nord | Der Wiedergänger vom Süder-Watt | Nord-Mord auf Trischen | Das Böse aus dem Watt | Nordfriesen Begierde*

____
____
____

Strand?

Bei dem Wetter?
Lass man bloß nach'n
Museum hingehn! Oder wat
MOINs* du dazu?

*Ein Moin passt zu jedem Wetter!

TIPPS FÜR DIE ANREISE IN DEN NORDEN

Sehen Sie den Stau als erstes Highlight ihrer Reise

Weil die Zeit, die man für die Anreise in den Norden einplanen muss, über die letzten Jahre stark angestiegen ist und viele Autobahnen, Fähren und Brücken zur Ferienzeit regelmäßig an ihre Belastungsgrenzen kommen, würde man eine TV-Serie wie einst *Der Bulle von Rügen* heute wohl eher *Die Schlange vor Rügen* nennen. Da steht man dann gelangweilt im Stau und denkt daran, dass man eigentlich längst ein Foto von der schönen Natur des Nordens bei Facebook, Insta und Co. gepostet haben wollte. Erfahrene Nordurlauber lassen sich jedoch von keinem Stau der Welt davon abhalten, ihren Lieben zu Hause eine Story, gespickt mit Höhepunkten ihrer Anreise ins Land des Moin, zu übermitteln.

BÖRDE = BALD GESCHAFFT

Eine Börde *ist eine in Norddeutschland liegende, aufgrund ihrer Lössbedeckung, relativen Trockenheit und Wärme naturbegünstigte, flachwellige Hügellandschaft am Fuße der Mittelgebirgsschwelle* (Wikipedia). Mit anderen Worten: Wenn Sie bei der Fahrt in den Norden irgendwo das Wort *Börde* lesen (Hildesheimer Börde, Magdeburger Börde, ...), dann wissen Sie: Gleich geht's los mit dem Norden! Ab hier können Sie nun völlig ungehemmt die Tankstellenbedienung auf der Autobahnraststätte mit einem breiten *„Moin"* begrüßen und werden nicht angesehen, als seien Sie ein Alien, der sich in der Tür geirrt hat.

DAS IMAGE AM STRAND

Wie man sich bettet, so liegt man. Die Wahl des richtigen Strandhandtuchs sagt enorm viel über Sie oder ihre Liege-Nachbarn aus. Sind Sie eher Typ „Foltermatte", „Pärchenliege" oder brauchen Sie die „Heimweh-Matratze", um ihren Strandaufenthalt in vollen Zügen zu genießen? Vertiefendes Wissen dazu finden Sie auf S. 24-25 im Kapitel *„MOIN! Wer bist du? Das sagt dein Strandhandtuch über dich aus!"* Sollten Sie also nicht das richtige Stück Stoff dabei haben, dann besorgen Sie es sich noch vor Ihrem ersten Strandbesuch in einem der unzähligen Läden an der Promenade.

WER'S SCHON WIEDER VERGESSEN HAT:

So schon mal gar nicht:

MOINIKOWSKI

Die 5 Genitive des Nordens

Wie uns das erste literarische Nord-Meisterwerk *„Das Buch Moin“* bereits gelehrt hat, ist Norddeutsch die einzige Sprache der Welt, die über fünf Genitiv-Formen verfügt. Egal, ob Sie das erste *„Buch Moin“* gelesen haben oder ob Sie von dieser norddeutschen Sprachregelung das erste Mal hören:. Es schadet nicht, Neues oder Bekanntes zu vertiefen.

BEISPIELE DER FÜNF GENITIV-FORMEN:

A: *„Bist du Samstag auch zu Anjas Party eingeladen?“*	Hochdeutscher Genitivus primitivus
B: *„Welche Anja? Jürgen seine Anja?“*	Pronominal-Genitiv „Plus“ mit „sein“/“ihr“ s. u.
A: *„Nein, doch nicht Jürgen ihm seine Anja.“*	Genitiv dativus („Wem seine Anja?“)
B: *„Ja, wen seine Anja denn dann?“*	Gen. akkusativus („Wen seine Anja?“)
A: *„Na, Anja von Axel.“*	nordischer Blaublutgenitiv* „von“
B: *„Ach, Anja von Axel, sag das doch gleich.“*	

UND NUN PROBIEREN SIE ES SELBST EINMAL:

Damit auch Ihnen der norddeutsche Genitiv im Weiteren locker von der Hand geht, füllen Sie doch zum Spaß einmal die Lücken im folgenden, kleinen Lerntext aus:

Das ist Franziska__ Auto.	hochdeutscher Genitivus primitivus (mit „s“) Genitiv!
Das ist Franziska ______ Auto.	Pronominal-Genitiv „Plus“ mit s. o. „sein“/“ihr“
Beispiel: Das ist Franziska ihr sein Auto.	Genitiv dativus mit „wem sein?“/“ihr sein“
Franziska? ______ ______ Franziska denn?	Gen. akkusativus („wen seine?“)
Na, Franziska ______ Henry!	nordischer Blaublutgenitiv mit „von“

LERNBOX:

* Beim sogenannten Blaublutgenitiv wird der Genitiv durch ein vorgestelltes „von“ sozusagen geadelt (Anja von Axel), was in den Sprachen der Welt seinesgleichen sucht.

MOIN! WER BIST DU?

Das sagt dein Strandhandtuch über dich aus!

Psychologen in aller Welt sind sich einig: Nichts sagt so viel über die Eigenarten einer Person aus wie die Unterlage, die Er oder Sie am Strand wählt. Oder anders gesagt: Es gibt einen geheimen Strandtuch-Code! Er sagt Ihnen nicht nur, wer Sie selbst sind, sondern hilft Ihnen auch, gleich von Anfang an zu wissen, wer Ihre möglichen Strandnachbarn sind! *Hier eine Auswahl der gängigsten Typen:*

Breit und monochrom

FAMILIENTYP

Der Klassiker. Einfach, praktisch, gut. So wie auch der Mensch dahinter, der ein Badetuch wählt mit Platz für zwei. Dieses Strandtuch, von Singles benutzt, sagt ganz klar: Hier ist noch Platz für meinen Traumpartner. Vielleicht könnte das Doppeltuch ja später auch zum Familienstrandtuch werden *zwinker, zwinker*.
Spitzname: ***„Pärchenliege“.***

Bast und Co.

PURIST:IN

Hinter Bastmatten steht der innige Wusch, barfuß zu gehen, sich von Bioprodukten zu ernähren und unverfälscht eins zu sein mit Natur und Strand. Puristen legen sich deshalb gern „naturbelassen" ganz gezielt auf unebene Stellen und genießen so den Schmerz des Daseins.
Spitzname: ***„Foltermatte“.***

Monochrom + Fransen

DER/DIE SUCHENDE

Dieses Strandtuch drückt den Wunsch nach Sinnlichkeit aus und wird meist von Single-Frauen bevorzugt. Die Fransen zeigen einen Hang zu Romantik, aber kein völliges Fallenlassen, denn das hochwertige Material steht für eine gewisse Ernsthaftigkeit.
Spitzname: ***„Elite-Partner-Laken“.***

Die eigene Landesfarbe/-flagge

XENOPHOB

Diese Person hat Angst vor der „Fremde", nimmt deshalb die Heimat mit in den Urlaub, neigt oft auch zu Territorialverhalten (Strandburg, Windmuschel-Areal). Ist am letzten Tag der Ferien froh, wieder nach Hause zu dürfen. Spitzname: ***„Heimweh-Matratze"*.**

Strandliege

PRAKTIKER:IN

Strandliegen-Typen sind außerhalb der Badezone daran zu erkennen, dass sie sowohl ihr Handy als auch diverse Multifunktions-Tools („Leatherman") immer mit sich am Hosengürtel tragen. Ihn/Sie reizt am Strand am meisten die Logistik, der An- und Abtransport riesiger Mengen von Kleinmöbeln sowie sicherer Auf- und Abbau eines stabilen Lagers direkt hinter der Düne. Spitzname: ***„Strandkarre"*** oder ***„Dünen-Porsche"*.**

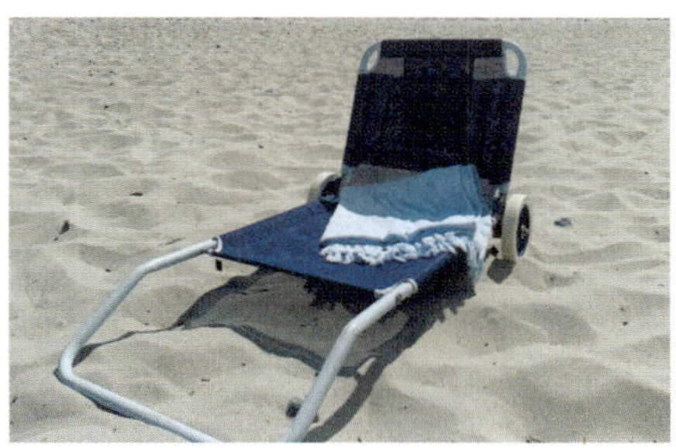

Ethno-Motive

SAMMLER

Sammelt am Strand Steine, Steine und nochmals Steine, kann sich anschließend nicht mehr von ihnen trennen, schleppt sie deshalb in Massen mit nach Hause und legt sie dort auf die Fensterbank (wo mittlerweile nichts anderes mehr Platz hat). Spitzname: ***„Archäologen-Teppich"*.**

Strand-Attitüde

Einfach mal aufs Meer rausblicken? Aber dann, bitte schön, wie die Profis! Denn wer will sich schon als Anfänger outen? Maritime Experten unterscheiden grundsätzlich zwischen drei verschiedenen Körperhaltungen:

DER (ECHTE) MEER-BLICK

Hier sind die Arme verschränkt, die Beine stehen fest und parallel, der Rücken ist leicht nach hinten gestreckt. Dieser Blick sieht nach harter Arbeit aus. Denn ein maritim-professioneller „Sind Sie von hier?"-Look will verdient sein.

DER „MÄH'R"-BLICK

Leicht zu verwechseln mit dem Meer-Blick. Haltung ist ähnlich, aber nah dran ist halt auch vorbei. Wer sich so ans Meer stellt, wirkt auf Einheimische, als sehe er zu Hause seinem Rasen-Mäh(e)r Roboter bei der Arbeit zu. Daher auch der Name.

DER „HÄUFCHEN-BLICK"

Hier blicken Sie suchend in die Ferne und man sieht Ihnen Ihre Frage an: „Hat der Hund da hinten wieder irgendwo hingemacht?" Das mag gerade mal am Hundestrand noch gehen, aber ansonsten bitte unterlassen.

SCHNACK ZWISCHEN WILHELMSHAVEN UND AURICH

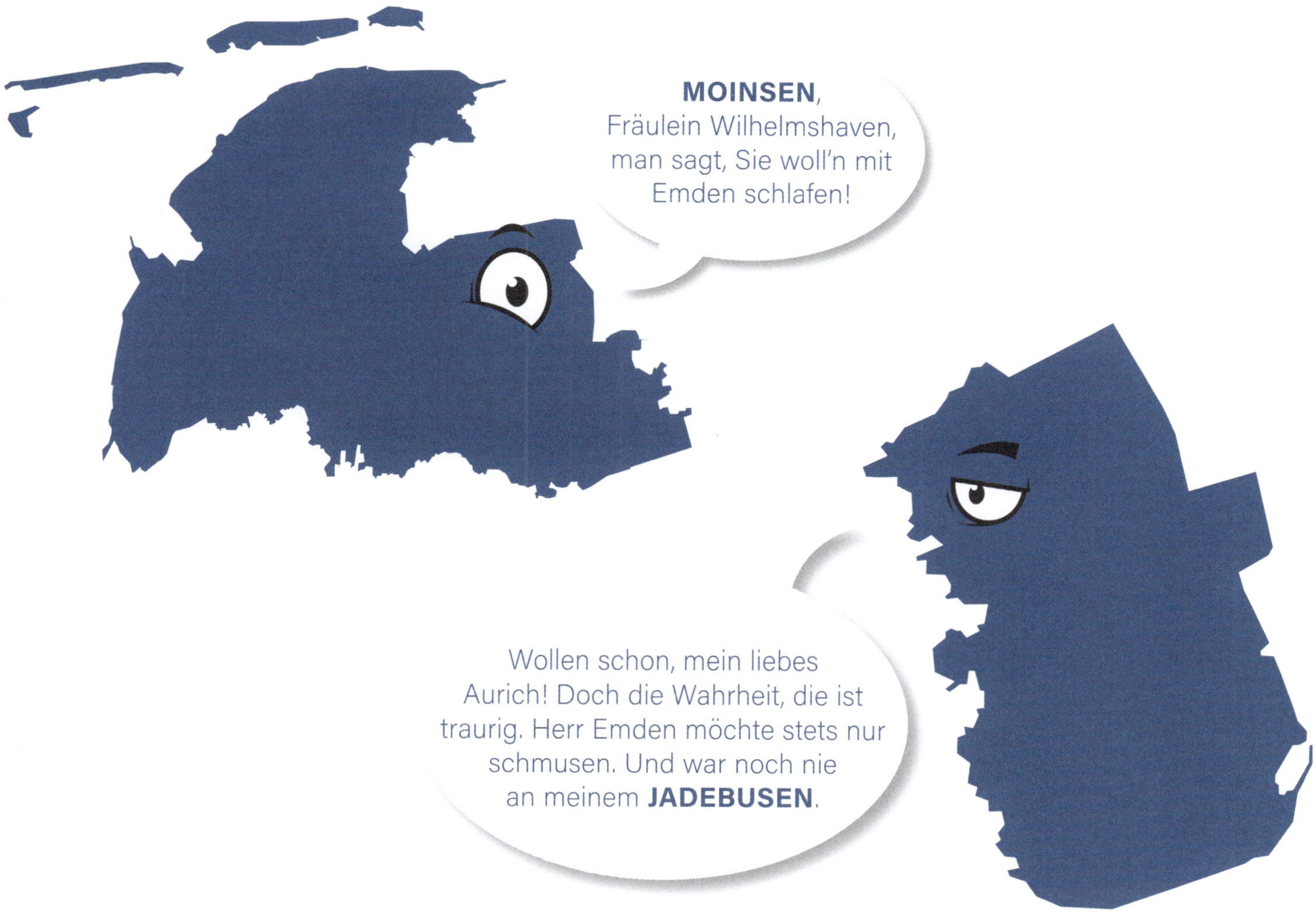

EBBE und FLUT ... UND WIE MAN MIT BÜSUMER KRABBENSUPPE DIE TIDE ERKLÄREN KANN

Wenn Nordseeanwohner Ostseeanwohner ärgern wollen, dann können sie als letzten Trumpf immer bringen: „Komm, hör auf, ihr habt ja nicht mal 'ne anständige Tide." Tiden, auch Gezeiten genannt, sind der Wechsel zwischen Flut (Wasser da) und Ebbe (Wasser weg). ***Bis dahin noch alles klar, oder? Gut.*** Also weiter.

FAKT 1: Drei Viertel unseres Planeten sind von Wasser bedeckt. Bekannt.
FAKT 2: Unsere Erde steht nicht beleidigt im Weltall rum, sondern weiß sich zu beschäftigen: Sie dreht sich in 24 Stunden einmal komplett herum. ***Beides bekannt?*** Sehr gut.

KONZENTRIEREN JETZT! Wir alle kennen das: Wenn man nur mal so aus Spaß einen Topf mit Büsumer Krabbensuppe (Rezept folgt auf der nächsten Doppelseite) auf dem Herd dreht, dann merkt man schnell, dass das schwappt, also, dass das Wasser (auf Neudeutsch) „voll die Welle macht". Wegen „Trägheit der Masse" oder so ... Diesen Topf nennen wir mal ganz frech **ERDE**.

Und jetzt stellen wir uns einfach mal auf der Kochplatte daneben einen zweiten Topf mit einem Magneten drin vor, der Wasser anzieht. Keine Ahnung, ob es so was gibt, aber stellen Sie sich das doch einfach mal vor. Diesen zweiten Topf nennen wir zum Spaß einfach mal **MOND**.

Durch diese Anziehung bildet sich bei dem ersten, dem sich drehenden Topf, an der Stelle, die jeweils dem zweiten Topf am nächsten ist, der höchste Punkt der Welle, ein sogenannter „Flutberg".

Wieder zurück auf die echte Erde projiziert, hieße das, alle 12 Stunden einmal Wechsel zwischen auflaufendem (steigendem) und ablaufendem (fallendem) Wasser. ***Nun kommt die verdammte Flut aber zweimal am Tag, sagen Sie?*** Okay: Der Grund, dass die Gezeiten alle sechs Stunden wechseln, ist die durch die Topfrotation entstehende Fliehkraft des ersten Topfes. Die sorgt nämlich dafür, dass auf der dem Mondtopf gegenüberliegenden Seite ein zweiter Flutberg entsteht, der sogar noch höher ist als derjenige auf der Mondseite.

Okay, das ist der Teil, wo man traditionell nicht mehr mitkommt, nehmen Sie's sportlich.

Springtiden mit enorm hohen Wellen für die Surfer entstehen übrigens, wenn auf der Kochstelle hinter dem Mondtopf noch ein weiterer, riesiger Topf steht, den wir hier mal **SONNE** nennen wollen. Beide Töpfe in einer Reihe erhöhen die Anziehung auf das Wasser in Topf 1 (**ERDE**) und schwups (oder auch schwapps) wird der Flutberg auf einmal noch höher. So einfach ist das.

Hier noch mal der ganze Vorgang im Büsumer-Krabbensuppen-Schaubild:

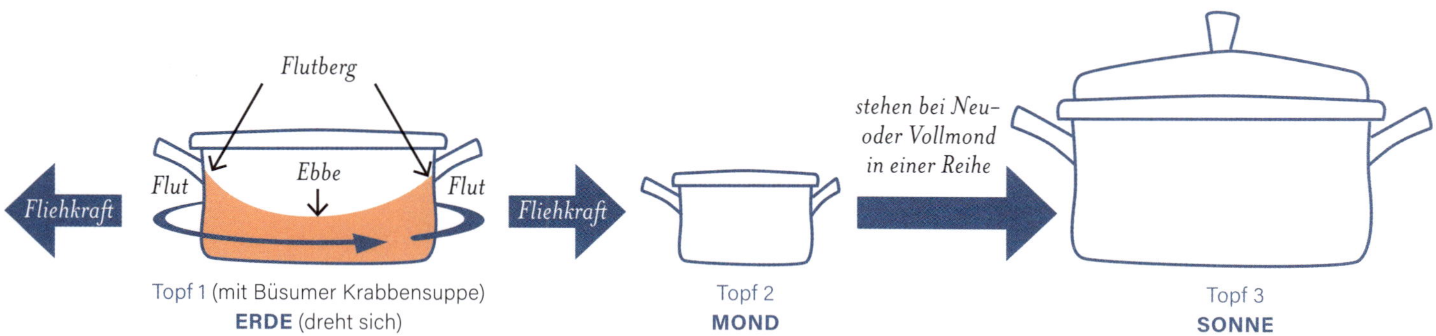

FRAGE: Warum aber ist die Tide an der Nordsee so stark und an der Ostsee kaum bemerkbar? Ja, das wollen Sie gern wissen, was? Okay ... also ..., weil durch die Meerenge zwischen Dänemark und Schweden nicht schnell genug genügend Wasser in die Ostsee nachfließen kann. In Töpfen erklärt wäre das in etwa: ***Der Ostseetopf hat mehr Krabben und Zutaten als der Nordseetopf***, so kann sich das Wasser nicht so schnell hin und her bewegen.

„OSTSEETOPF?", „NORDSEETOPF?"

Da ham Sie jetzt 'ne Nuss zu knacken, wa?

SAG'S MIT MUSCHELN!

MOIN! KULINARISCH

BÜSUMER KRABBENSUPPE

ZUTATEN für 4 Personen:
500g Nordseekrabben
(Garnelen, s. S. 16 Fake Food)
3 Schalotten
2 Tomaten
1 EL Öl
etwas Mehl
20g Butter
Suppengrün
ein Bund frischer Dill
50 g Crème fraîche
Salz Pfeffer
+ (evtl.) ein Schuss Rum

Mhh!
MOIN!

UND SO WIRD SIE ZUBEREITET:

Krabben pulen, Suppengrün vorbereiten, 1 Schalotte schälen und hälften, Tomate vierteln.

Öl in den Topf („Erde") und alle Zutaten ohne die Krabben kurz darin anrösten.

1 L kaltes Wasser (wer mag plus einen Schuss Wein) dazugeben, aufkochen und bei schwacher Hitze eine Std. vor sich hin köcheln lassen. Ab und zu Schaum abschöpfen.

Achtung: Den heißen Topf bitte nicht während des Kochens drehen! Das war nur ein Gedankenspiel. **Ehrlich jetzt. Lasst das nach!**

2 Schalotten würfeln und mit der Butter in einem zweiten Topf („Mond") andünsten. Mit dem Mehl unter ständigem Rühren anschwitzen lassen.

Jetzt den Inhalt den ersten Topfes durch ein Sieb gießen und die Flüssigkeit langsam in den „Mond" füllen.

Crème fraîche, Salz und Pfeffer dazu, plus wer's mag einen kleinen Schuss Rum.

Jetzt erst kommen die Krabben dazu, die ja eigentlich Garnelen sind, wie der Experte weiß.

Der Suppe noch geschnittenen Dill beigeben und **FERTIG**.

DA SIEHS JA DEN STRAND VOR LAUTER STEINE NICH MEHR!

Steine sammeln kann so wunderbar beruhigend sein:
„Du lässt dich einfach treiben, suchst, ohne zu suchen mit den Augen den Strand ab und pickst ganz im Hier und Jetzt aus der schieren Fülle des herumliegenden Steinguts absichtslos einfach das heraus, was dir gerade in den Sinn fällt!“

EINZIGES PROBLEM:

Wenn wir später wissen möchten, wie die Steine nun eigentlich heißen, die wir, mehrere Kilo schwer, in unserer Reisetasche mit nach Hause geschleppt haben, werden wir von modernen Stein-Bestimmungsbüchern regelmäßig überfordert und es wird uns im Nachhinein ein Stück des Erholungswertes unseres meditativen Strandbesuchs geraubt. Denn Hand aufs Herz: Professorale Begriffe wie *„Kinnekullediabas“*, *„Granat-Glimmerschiefer“* oder *„Rhombenporphyr“* passen einfach nicht zur relaxten Kultur des Moin, die gerade durch ihre jeden Menschen einladende - und nicht durch hochnäsiges Gequatsche ausschließende - Einfachheit besticht.

ICH WÜLL JU WAT MIT „PORPHYRE, GNEISE UN GRANITE“!

Schluss mit hochtrabendem Gelehrten-Gelaber! Steine bestimmen ist für alle da! Und kann so einfach sein, der Volksmund macht es uns vor.

1 NACH FARBEN

Zum Beispiel: brauner Stein

2 NACH MEHREREN FARBEN

schwarzer Stein mit „was Weißes“ drin

graugrüner Stein mit „was Rotes“ drin

roter Stein mit „was Grünes“ drin

STEINE BESTIMMEN, SO WIE ES DIE MENSCHEN IM NORDEN TUN:

1 NACH FORM

Hinkelstein

runder Stein

eckig-flacher Stein

2 NACH ASSOZIATION

Hinkelstein in Salami-farben

runder Stein mit Gesicht

runder Stein
mit Echsenhaut

3 NACH ACCESSOIRES

roter Stein mit
schickem weißen Streifen

hellbrauner Stein mit zwei
schicken weißen Streifen

lila-weißer Stein mit
Streifen ohne Ende

4 NACH DEFIZITEN

Stein mit Dellen

Zweite-Wahl-Stein mit
kleine Löchers drin

Ausschusswaren-Stein
mit „Durchguckloch" drin

DER NORDEN
DAS LAND DER FISCHKÖPPE

DAS SIND DIE WICHTIGSTEN:

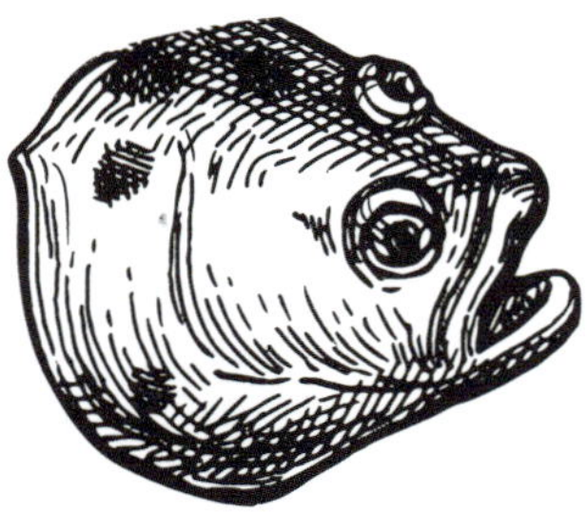

Heilbutt

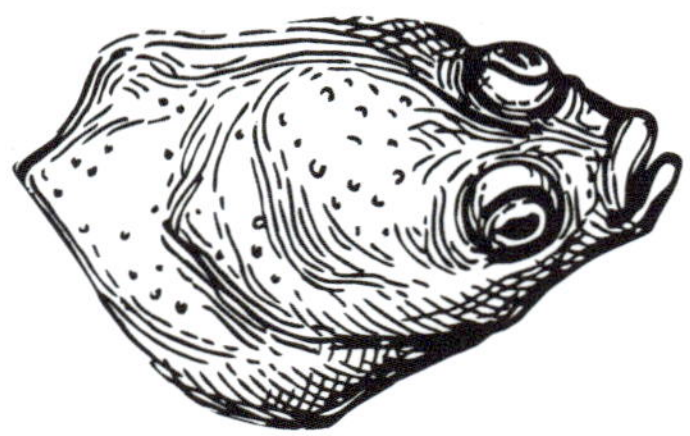

Scholle

Barsch

Aal

Kabeljau

Sprotte

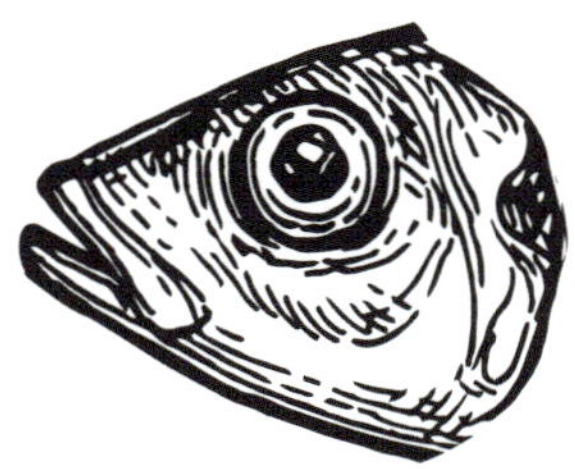

Makrele

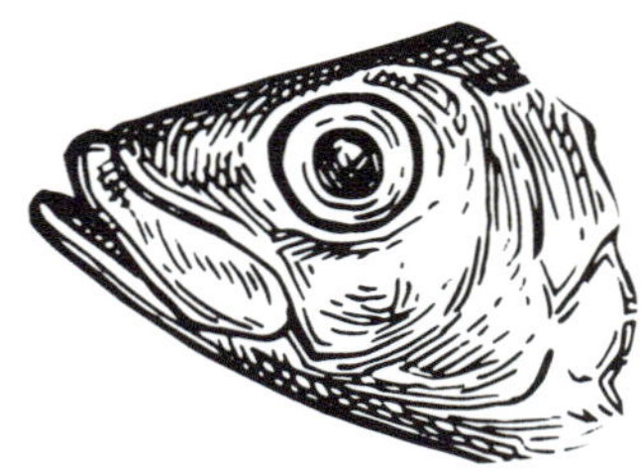

Hering

MOIN-SPRACHKURS

„Sagen Sie mal, sind Sie von hier?“

„Norddeutsch ist wie Hochdeutsch, nur ganz anders“, wusste schon Schiller und blieb deshalb bei seinem starken württembergischen Akzent, was es ihm allerdings verwehrte, die wunderschöne Sprache der Nordlichter zu erlernen. Denn mit ein paar wenigen Eselsbrücken ist das Lernen von Norddeutsch „total easy“ (Goethe).

LEKTION 2: „ENG EINS, SEE GOAL“

Nehmen wir zum Beispiel die bewährte Formel *„Eng-Eins-See-Goal“*:
Mit *„Eng-Eins-See-Goal“* können Sie von jetzt auf gleich beim morgendlichen Brötchenholen im Lande des Moin glänzen:

Sprechen Sie zuerst einmal das Begriffspaar ***„Eng-Eins“.***
Wenn dies fehlerfrei funktioniert, hängen Sie einfach nur das Wort ***„See“*** und das angelsächsische ***„Goal“*** hinten dran: ***„Eng Eins! See Goal!“***

Und wenn die freundliche Bäckereifachverkäuferin nun bei Ihrer Bestellung nachfragt:
„Ja wie, ein Brötchen? Was für eine Sorte darf es denn sein?“,
dann antworten Sie nun ganz locker und wie nebensächlich in Landessprache:
„Ach, gimmír engeins. Seegoal!“ (Ach, geben Sie mir irgendeines, ist egal.)

Und wenn Sie das alles mit dem nötigen Ernst hervorbringen, antwortet die Dame hinter dem Tresen lachend mit:
„Seegoal? Sagen Sie mal, sind Sie von hier?“

UNSER MOIN-ONLINE-KURS

Zum Erzielen eines noch größeren Lerneffekts einfach die Lektion mit dem QR-Code anwählen:

LEKTION 2

Eng Eins! See Goal

MOIN-MOTTO-POSTKARTEN IM TEST

Watt mutt, datt mutt

Absolut richtig, aber Achtung: Den Begriff *„Watt"* hier auf keinen Fall verwechseln mit *„Watt"*. Auch wenn für *„Watt"* natürlich ebenso gilt, *„datt dat ja auch irgendwie mutt, denn watt wäre der Norden ohne Watt?"* Aber bei diesem *„Watt"* hier geht es mehr ums große Ganze, um all den Mist, der einfach getan werden *„mutt"* und der uns Nordlichter manchmal so unendlich griesgrämig macht, weil er sich einfach nicht von selbst erledigt. Ganz anders eben als das andere *„Watt"*, das sich ja einfach, ohne was zu tun, also ganz passiv, von der See überfluten lässt. Insofern sind diese beiden „Watts" geradezu gegensätzlich, sie sind Yin und Yang und zeigen so wieder einmal die Fähigkeit des Nordens, selbst Unvereinbares ganz locker und friedlich mal eben unter einen Hut zu bringen! So wie *„Moin"*.

„Jo" ist bereits ein vollständiger Satz

Auch hier Vorsicht: Zweimal *„Jo"* nacheinander, also *„Jo, jo!"*, gibt dem Jo-Satz keineswegs mehr Nachdruck, sondern bereitet Ihnen unter Umständen viel Ärger. Denn *„Jo, jo"* bedeutet vielerorts so viel wie *„Leck mich am Mors"* oder *„Pack mich doch anne Füße"*.

Einmal Moin genügt

In der Regel ja, aber trotzdem auf die Aussprache achten: Ein zu sehr geflötetes *„Mo-hoin"* kann in seiner Fröhlichkeit, die oft leicht introvertiert wirkende Nachdenklich- und manchmal auch Einsilbigkeit zerstören, für die wir im Norden doch so bewundert werden. Auch wenn das *„Mooooin"* zu lang gesprochen wird, kann sehr leicht eine fast schon süddeutsche Herzlichkeit entstehen. Und das wollen wir ja nun wirklich nicht. Oder watt?

MOIN-Activity **WENN'S MAL REGNET, ...**

dann ab in eines der vielen Museen im Norden.

A ODER B? Kreuze an: Eins gibt es wirklich, das andere ist frei erfunden.

A	B
☐ Kreidemuseum auf Rügen	Bleistiftmuseum auf Usedom ☐
☐ Knopfmuseum Wismar	Reißverschlussmuseum Rostock ☐
☐ Heinz-Erhardt-Museum Hamburg	Otto-Museum Emden ☐
☐ Friedensmuseum Worpswede	Panzermuseum Munster ☐
☐ Legoland Emden	Miniaturwunderland HH ☐
☐ Rum-Museum Flensburg	Köm-Museum Kücknitz ☐
☐ Museum der Arbeit HH	Freizeitmuseum Bremen ☐
☐ Prototypenmuseum HH	Fototypenmuseum Leer ☐

Auflösung auf S. 118

ZEITMANAGEMENT
AUF NORDDEUTSCH

Bewohner des Nordens gelten zurecht als ruhig, besonnen und immer Herr ihrer Emotionen. Als Voraussetzung dafür wird oftmals die Fähigkeit angesehen, sich auf Teufel komm raus nicht hetzen zu lassen! Ein Talent, das beim Norddeutschen vielleicht durch die Natur selbst hervorgelockt wurde. Weil man an der Küste beispielsweise schon früh begriffen hatte: *„Jetzt bei Ebbe brauchst du nicht hektisch zum Meer zu laufen! Denk nach! Um diese Zeit ist da gar kein Meer!“*

Als Hilfe dienen den Menschen hier einige wichtige Phrasen, die es ihnen erleichtern, ihr Zeitmanagement zu optimieren, ja besser gesagt, ihr Zeitmanagement dauerhaft zu relaxieren.

Die wichtigste Phrase dabei ist ***„bummelig“***.
Auf eine Frage wie *„Wann kommst du denn morgen? So 16 Uhr?“*
ist die korrekte Antwort ***„Ja, bummelig 16:00 Uhr“.***

Bummelig kommt von *bummeln, sich Zeit lassen*, denn man weiß ja nie, was das Leben einem am morgigen Tag so an Unvorhergesehenem vor den Latz hauen will. Dann doch lieber gleich einem unangebrachten Pünktlichkeitswahn aus dem Weg gehen, sich wie ein Seemann dem Meer dem Hier und Jetzt des Lebens anvertrauen und am nächsten Tag bummelig 10-20 Minuten später erscheinen. Oder auch pünktlich um vier, wenn das Leben es hergibt.

Eine weitere Phrase, um jeglichen Zeitstress zu vermeiden, ist in vielen Teilen des Nordens: ***„gut davor“***. Wenn der Chef fragt: *„Wie weit seid ihr denn jetzt mit dem Projekt, ist das bald fertig?“*, dann sollte die Antwort sein: ***„Wir sind gut davor“.*** Denn was für den Chef vielversprechend klingt, kann in Wahrheit alles heißen. In einer Autowerkstatt zum Beispiel irgendwas zwischen *„In zwei Minuten können Sie den Wagen abholen, er fährt wie neu!“* bis hin zu *„Das kaputte Auto? Ja, einige der Werkzeuge hab‘ ich tatsächlich schon rausgesucht ...“*

Durch ihren beruhigenden Klang wird auch die Bitte ***„Töf mol"*** zum Inventar der zeitentkoppelnden Phrasen gezählt, weil sie vielerorts nicht als hohle Phrase wie *„Hier, warte mal …"* verstanden wird, sondern als Auftakt zu einem zeitlich völlig unbegrenzten und entspannten Gespräch unter Freuden genutzt wird, bei dem die Arbeit erst mal warten kann.

Und dann ist da natürlich noch ***„Dat löpt sich allens torecht"***: *„Das kommt alles von alleine"*, was den Norddeutschen unmissverständlich dazu aufruft, jetzt bloß nicht die Nerven zu verlieren und panisch irgendeinen Plünn zu tun, sondern auf die tiefere Weisheit zu vertrauen, die hier zwei Dinge recht eindeutig sagt: Zum einen: Eingreifen in den natürlichen Ablauf der Dinge bringt nichts, weil man mit unüberlegtem Aktionismus sowieso nix ändern kann. Und zum anderen: Ich glaub, mein Sofa ruft.

WICHTIGE MOIN-BEGRIFFLICHKEITEN

Friesennerz und Kuddelmuddel

FRIESENNERZ Der sogenannte Friesennerz ist die traditionell gelbe Regenjacke, ohne die kein TV- und Kinofilm auskommt, wenn es darum geht, typische Bewohner des Nordens bei Regen darzustellen. Was diesem nord-klischeehaften Überwurf aber nicht geschadet hat. Denn diese Jacke hat etwas geschafft, was nur die wenigsten schaffen: Den Weg von einem ehemals uncoolen Kleidungsstück (daher der Spottname) zu einem mega angesagten Lifestyle-Parka, den es jetzt für viel Geld und in verschiedensten Farben in der Boutique zu kaufen gibt.

Boutiquenbesitzer sprechen hier bereits von einer Friesennerzisierung und hoffen innig darauf, dass nun auch die anderen Kleidungsstücke des Nordens nachziehen. Und die Hoffnung ist berechtigt. Wo man vor einigen Jahren noch Angst hatte, im Geschäft nach einem Troyer zu fragen - vielleicht, weil es so klingt, als suche man seinen Betreuer - ist der Troyer, also der wärmende Pullover der Fischer und Seeleute, auf dem besten Weg dem Friesennerz demnächst den Rang abzulaufen. Und Rollrandmützen gibt es mittlerweile auch von Lacoste und Co. Hinterherhinken tun dagegen immer noch traditionelle Fischerhemden - weil man damit immer aussieht, als hätte man beim Einkaufsbummel seine Shantygruppe verloren - und Prinz-Heinrich-Mützen, in denen nur das Nordlicht Helmut Schmidt kernig aussah.

KUDDELMUDDEL Kuddelmuddel ist ein beliebtes norddeutsches Wort, das man verwendet, wenn alles durcheinander geht, drunter und drüber, und einfach keine Ordnung herrscht oder herrschen soll. Das können unklare Zustände und Anweisungen sein, es kann aber auch räumlich gemeint sein, also z. B. ein unordentliches Zimmer bedeuten oder aber eine treffende Beschreibung des verworrenen Liebeslebens einiger Personen.

Wo das Wort Kuddelmuddel jedoch kaum benutzt wird, es aber eigentlich genau treffend wäre, ist der Bereich des Kulinarischen. Dabei zeichnet es eine Vielzahl typisch norddeutscher Gerichte aus, dass sie ihre kulinarische Karriere quasi als Resteessen gestartet haben. Die Norddeutsche Küche ist vielfach eine *Kuddelmuddelküche!*

KUDDELMUDDEL, KULINARISCH

Wenn wir einmal alphabetisch anfangen und auf die Hamburger *Aalsuppe* schauen, dann kommt das „Aal" in Wahrheit gar nicht vom Aal, sondern von der Redewendung ‚all in', also alles rein in die Suppe, was grade da ist. Eine weitere Hamburger Speise *Birnen, Bohnen und Speck* ist wohl ebenso entstanden, bis man gemerkt hat, dass diese drei Zutaten wirklich gut zusammenpassen und man sie irgendwann gezielt als Eintopf zubereitet hat.

Auch die mecklenburgische Suppenspeise *Tüften un Plum*, Kartoffeln, Backpflaumen und dazu Speck oder Räucherfleisch, ist höchstwahrscheinlich aus der Not und mangelnder Auswahl entstanden und wie Birnen, Bohnen und Speck ganz bodenständig nach den verwendeten Zutaten benannt.

Anders als bei der holsteinischen *Schnüüsch*. Hier vermutet man allerdings, dass *„Schnüüschen"* so viel bedeutet wie einmal quer durch den Garten gehen und dabei alles abzupflücken, was gerade Saison hat, um daraus dann eine wirklich leckere Milch-Gemüsesuppe zu kochen (Rezept auf S. 55).

Ein weiteres Beispiel, wie man eine Kuddelmuddelspeise per hübschem Namen zu einem Klassiker machen kann, ist das *Halligbrot*. Mit Butter bestrichenes Schwarzbrot, darauf Nordseekrabben und oben drauf dann noch ein Spiegelei, also eine Art Strammer Max maritim mit Krabben statt Schinken.

Ein kluger Schachzug ist es auch, die Speise per Bezeichnung in den Adelsstand zu erheben, so wie bei der sogenannten *Welfenspeise*, einem Nachtisch, der in und um Hannover zu Hause ist.

Wer als Gastronom also klug ist, köchelt sich geschickt aus Resten etwas zusammen und nennt es ... ja, warum eigentlich nicht: *Kuddelmuddel* mit wahlweise Speck, Krabben oder Vanillesoße.

Alles südlich der Elbe ist Norditalien

WIR SCHREIBEN EINEN NORDKRIMI – TEIL 2

DER INHALT

In Teil 1 haben wir gelernt, wie wir uns einen Bestseller-Titel basteln. Der *Wiedergänger vom Süder-Watt* beispielsweise würde, ganz einfach mit unserem Titel-Baukasten zusammengewürfelt, die meisten potenziellen Käuferinnen und Käufer überzeugen, nun folgt Schritt 2 – das Erfolgskonzept für den Inhalt.

Auch hier gilt: Keine Experimente, sondern aus dem Pool an Motiven auswählen, die sich bewährt haben. Die üblichen Zutaten eines echten Nordkrimis sind zuerst einmal all das, was die norddeutsche Kulisse von sich aus so hergibt:

Eine angespülte Leiche, zwei angespülte Leichen, ein Schatz in der Düne, illegal verklappter Müll ...

Dazu kommt alles Mögliche an Straftaten, die so gar nicht in den Norden passen, aber aus der Großstadt irgendwie in den Rest des Nordens übergeschwappt sein könnten: Rockerkriege, Drogenbarone, Terroristen jeder Art, Mafia, Prostitution, Steuerflucht, Entführung, Geldwäsche ...

Dann alles, was in allen anderen Krimis und Thrillern so vorkommt: Serienkiller, Erpressung, korrupte Polizisten, eifersüchtige Ehepartner mit Zugang zu Kleinwaffen und Toxinen, Spielschulden, Zeugenschutz, Identitätsdiebstahl, Seuchen, Medikamentenexperimente ...

Soziale und aktuelle Themen, die den Krimi irgendwie aufwerten könnten: Tierretter, Prepperszene, Reichsbürger, Sozialarbeiter, die ihre Befugnisse übertreten, Flüchtlinge, Offshore-Konten, K.-o.-Tropfen, Darknet ...

Und eventuell noch eine Prise Okkultes / Mysteriöses: Ein alter Fluch, ein längst tot Geglaubter taucht wieder auf, jemand erwacht aus einem Koma, Hypnose ...

Dazu ein Ermittlerpaar mit kleinen menschlichen Fehlern, Vornamen, die wunderschön nach dem Norden klingen und ein Umfeld aus schrullig-urigen Nordlichtern, die alle mindestens ein ungeklärtes Problem vor sich herschieben.

Und am besten, man packt das gleich alles in einen einzigen Krimi ...

Der Wiedergänger vom Süder-Watt

Eine Leiche wird angespült, direkt vor die Seehundaufzuchtstation des urigen Deert Dirksen. Der eiligst herbeigerufene, spökenkiekerische Dorfpolizist Hinnerk Meierbrink hat gleich einen Verdacht: Ein Fluch! Schließlich war vor sieben Jahren um fast dieselbe Zeit (Mai, September, wo ist schon der Unterschied?) ebenfalls ein Toter angespült worden. Allerdings ein Seehund. Meierbrinks kurzhaarige, emanzipierte Kollegin Jütte Ölenschläger, frisch aus der Großstadt hierhin versetzt, sieht es allerdings anders:

Beim angespülten Leichnam könnte es sich um ein Opfer eines mächtigen Drogenrings handeln, dem sie schon lange auf der Spur ist und der hier hinter dem Deich nun sein Geld aus Prostitution, Waffenhandel und Barbituraten waschen möchte. Hat sie recht? Oder handelt es sich bei dem Toten wirklich um einen litauischen Seemann, der im Suff vom Boot gefallen war, wie die Gerichtsmedizin herausfindet. Meierbrink sieht im TV einen Bericht über Identitätsdiebstahl und berichtet Jütte - auf die er heimlich steht - davon. Für die Ermittlerin scheint der Fall jetzt klar zu sein! Auch glaubt sie nicht mehr an einen Zufall, dass der Angeschwemmte - ein Aussteiger? - genau hier vor der Seehundstation gelandet war. Hat man die Leiche hier platziert? Ist es eine Warnung? Aber an wen?

Unter dem bewölkten Nordseehimmel schleicht sich Jütte mit Meierbrink im Schlepptau nachts in die mysteriöse Aufzuchtstation. Auch hier kein Hinweis auf eine Gewalttat. Und doch: Irgendwie scheint Jütte das alles zu sauber, fast so, als hätte jemand alles dafür getan, die Spuren einer Bluttat zu verwischen. Ein „Cleaner"? Ein professioneller Tatortreiniger, geschickt von der Mafia? Irgendwie scheinen die Gangster den beiden im Moment immer einen Schritt voraus. Da hören die zwei plötzlich Stimmen. Schnell wollen sie sich in Deckung bringen, doch es ist schon zu spät: Tierbefreier haben die Station gestürmt und wollen die Seehunde freilassen. Es fällt ein Schuss. Aus Jüttes Dienstwaffe, die man ihr im Handgemenge entwendet hatte. Der Schuss trifft Meierbrink am Hinterkopf, sodass dieser sofort in ein Koma fällt. Jütte ist geschockt. In einer verzweifelten Fahrt bringt sie ihren Kollegen mit ihrem E-Scooter durch das nächtliche Watt eigenhändig in die nächste Klinik, wo Deert Dirksen seine Schwester

Gesche gerade vom Nachtdienst abholen will. Dirksen nimmt ihr den bewusstlosen Kollegen ab und weiß überraschenderweise sofort, auf welche Station er ihn bringen muss! „Täterwissen?", überlegt Jütte. Und jetzt kommt ihr ein fürchterlicher Verdacht: Was, wenn der Schuss jemand anderem als Hinnerk Meierbrink galt? Was, wenn die Tierbefreiungsaktion ein Fake war?

Könnte es sich in Wahrheit um einen Schmugglerring handeln, der noch nicht zugelassene Krebsmedikamente im Bauch dressierter Robben in die Aufzuchtstation dirigiert, die dann über den zwielichtigen Dirksen im Darknet angeboten werden? Kurz entschlossen verhaftet sie Dirksen und sperrt ihn in die winzige Arrestzelle der ebenso winzigen Polizeistation. Jetzt kann Dirksen nur noch die junge Fenja Lührsen helfen, die Praktikantin der Aufzuchtstation, die aus schwierigen Verhältnissen stammt. Ihr Halbbruder Tjark ist Chef einer Rockergang und will gerade einen Krieg mit einer Konkurrenzorganisation um Drogengeld, Schutzgelderpressung und die Vormachtstellung im Straßenstrich starten. Doch in einem klärenden Gespräch kann Fenja Tjark zurück auf die Seite des Guten ziehen. Zusammen befreien sie Deert Dirksen und helfen ihm, sich im Atombunker eines befreundeten Preppers mit Verbindungen zur Reichsbürgerszene zu verschanzen - mit direktem Blick auf die Aufzuchtstation.

Währenddessen erwacht Meierbrink aus dem Koma und informiert schnurstracks Jütte Ölenschläger: Ihm ist im Komaschlaf nämlich der Geist des toten Litauers erschienen und hat ihm verraten, dass er in Wahrheit lettischer Staatsbürger war! Das Schiff, von dem er fiel, hatte Ampullen mit einem gefährlichen Erreger geladen, den die Besatzung in der Nordsee verklappen wollte, um so die Nahrungskette „von unten her" mit einer Seuche zu vergiften. Gedächtnislücken verwehren Meierbrink allerdings, sich an den Namen des Erregers zu erinnern, er reimte sich auf ‚Ovid', aber an mehr erinnert er sich nicht. Schade. Jütte zaudert. Könnte ein Hypnotiseur Meierbrinks Gedächtnis wieder auf die Sprünge helfen? Und hat sie den zwielichtigen Dirksen zu eilig aus dem Verkehr gezogen? Handelt es sich doch um einen externen Serienkiller bei seiner ersten Tat?

Da wird eine zweite Leiche angespült.
Nun geht das Spiel um Trug und Schein von vorne los ...

Na denn,
MOIN.

LEUCHTTURM-HUMOR 2

DIE TOP TEN
DER NORDDEUTSCHEN WORTE MIT M

Im Land des *Moin* haben wir uns die schönsten und gebräuchlichsten Worte mit dem Buchstaben M herausgepickt und wollen sie Ihnen in einem kleinen Countdown näherbringen. Zur Spannungssteigerung starten wir mit den hinteren Rängen ...

10
MÖGEN

Ist streng genommen kein norddeutsches Wort, aber wir hier im Norden gebrauchen es in einigen Fällen ein wenig anders. Wo es im Süden heißt *„Könnten Sie mir helfen?"* oder *„Würden Sie mir mal bitte zur Hand gehen?"* oder in einigen Fällen auch *„Täten Sie mir vielleicht ...?"*, da wählt das Norddeutsche eher das Wort **mögen**.
Denn ein *„Mögen Sie mir bitte mal das Salz reichen?"* klingt nicht nur hanseatisch vornehm, sondern stellt noch einmal die freie Entscheidung des Befragten heraus, das Salz nur dann weiterzureichen, wenn er oder sie das auch wirklich möchte oder mag. Denn rein kulturell geprägt wird im freien Norden niemand zu irgendwas gezwungen!
Und das kann man einfach nicht oft genug betonen!

9
MUKSCH

Muksch hat nichts mit *„Keinen Mucks jetzt bitte!"* oder mit *„Was hast du denn da wieder für einen Murks gemacht?"* zu tun, sondern bedeutet *eingeschnappt*, *sauer*, *verschnupft* oder *verärgert*. Und ein freundliches *„Nu komm, sei ma nich muksch!"* hat schon in vielen Situationen ein auf die schiefe Bahn geratenes Gespräch wieder zurück in den grünen Bereich geführt, probieren Sie es mal aus.

SCHLUSS MIT DER EWIGEN SCHLEPPEREI

DIESES JAHR NEHMEN SIE NUR DAS NÖTIGSTE MIT ZUM STRAND!

Sie brauchen nicht mehr als:

- Badesachen doppelt, frische Garnitur, wenn die andere nass ist und eine in Reserve, man weiß ja nie.
- Für die Kinder: UV-Schutzhemden/Anzüge und Wechselklamotten *(wenn sie vor dem Nachhausegehen doch wieder mit den Klamotten in die Wellen springen)*.
- Sonnenschirm, Strandmuschel, Hammer zum Einschlagen der Sonnenschirmstange, Windschutzzaun, eigene Strandmuschel für die Kinder, sonst gibt es wieder Streit. Sie denken sich: Sonne? All diese Artikel sind auch bei Regen und starkem Wind von Vorteil.
- Sonnenbrillen und Kopfbedeckungen für alle *(auch wenn keine Sonne, denn auch starker Wind kann die Augen reizen, die Kopfbedeckung gegen Gehirnfrost)*.
- Luftmatratze, Gummiboot zum Aufpumpen / PUMPE diesmal nicht vergessen!
- Wenn's mal nicht regnet: Sonnencreme in verschiedenen Stärken von 15 bis 20.
- Strandschuhe/Flip-Flops für Steinstrand *(Gott hat ja noch mal nachgearbeitet, siehe S. 13)*
- Stranddecke und für jeden ein Strandlaken und ein Handtuch zum Abtrocknen *(lieber zwei p. P.)*.
- Große Kühltasche, Getränke und Snacks *(Vorsicht beim Verzehr: hungrige Möwen)*.
- Handyhüllen für Unterwasseraufnahmen / Kindle / Bücher / Kamera mit Zoomobjektiv.
- Müllbeutel *(wir sind ja keine Wikinger)*.
- Klappstühle mit integrierten Getränkehaltern.
- Große Schaufel für Sandburg, evtl. große Gießkanne.
- Für die Kinder: kleine Eimer, Schäufelchen, Förmchen, kleine Gießkannen.
- Fußball, Volleyball, Frisbee, Strand-Tennis, Boccia-Kugeln, Federballnetz und Schläger.
- Optional: Tasche für die Hunde: Wassernapf, Hundestrandmuschel, Leckerlis.
- Bollerwagen für Transport.

PASST DOCH ALLES DA REIN, ODER?

Sonst: Taxi für den Weg vom Parkplatz zum Strandübergang (Geldbeutel mitnehmen).Mehrere Träger und Verpflegung für den Rest des Wegs bis zum Strandhandtuch / alternativ: beim Weg durch die Dünen: Begleit-/Servicefahrzeug wie bei Rallye Paris-Dakar ...

Gegenwind formt den Charakter.

JETZT NEU: *Der Steinstrand-DANCE!*

Zum REMIX-Hit „Do You Really Want to Hurt Me?"
Und hier sind die hippen MOVES:

Wer schon mal barfuß über Steine gelaufen ist, kennt ihn!

SIDESTEP
„First Cut Is the Deepest"

AUSFALLSCHRITT
„When the Going Get's Tough ..."

FOOTKICK
„Walking on Broken Glass"

Diese Bilder wurden uns heimlich zugeschickt, denn nur selten lassen sich Menschen freiwillig bei diesem besonderen Tanz ablichten.

SCHNACK ZWISCHEN LÜBECK UND LÜNEBURG

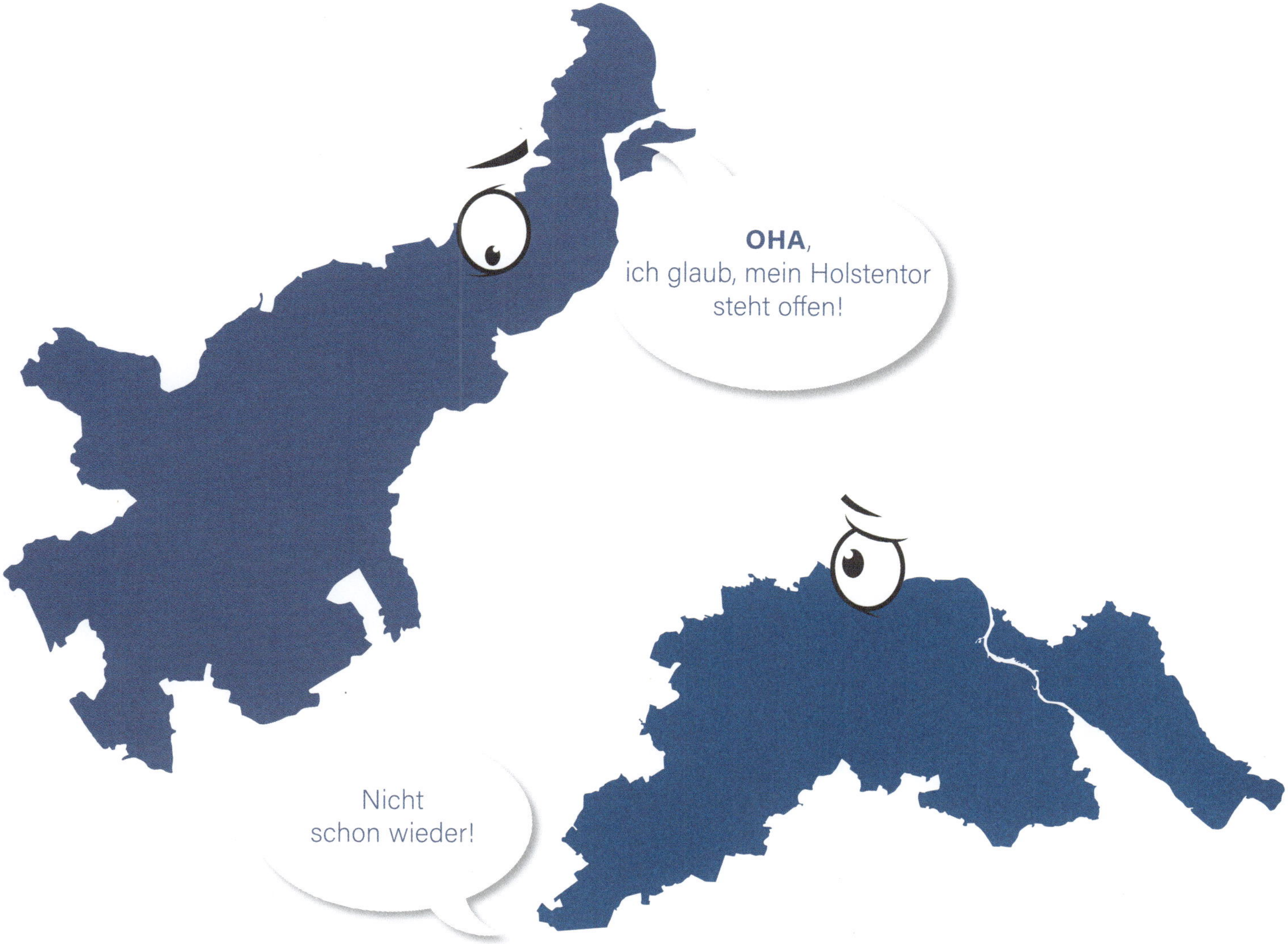

Doppelt gemoppelt ist,
wenn es total mit dir
durchgeht und du,
wie irre geworden, statt
einmal gleich zweimal
„Moin" sagst.

Das tut doch nicht not, tut das doch nicht!

Doppelmoppel-Grammatik

Anders als beim minimalistischen *„Moin“* gibt es in keiner Sprache der Welt gleichzeitig so viel grammatisches Doppelgemoppel wie im Norddeutschen. Fast so, als hege der Moinländer tief im Inneren ein gigantisches Misstrauen dem normalen Hochdeutsch gegenüber. Als ob er der Meinung ist: *„Sicher ist sicher, wenn man verstanden werden will, lieber doppelt als einmal zu wenig!“* Für den allgemein als ein wenig maulfaul geltenden Norddeutschen ist das ungewohnt spendabel.
So kommt es zum Beispiel zur typisch **nordischen Doppel-Präpositionierung** in Sätzen wie
„... weil er von das Ganze nich genug von kriegen konnte.“
Wie gesagt, warum sich mit einem „von" begnügen, wenn man auch zwei benutzen kann? Wenn es dem Verstehen dient, warum denn nicht?

Das gleiche Prinzip findet sich auch beim **Holsteiner Doppel-Plusquamperfekt**. Anstatt im normalen Plusquamperfekt zu sagen: *„Wir hatten letzten Sommer einen Mietwagen gemietet“* und diesen Vorgang dadurch semantisch völlig ausreichend in die Zeit von vor einem Jahr zu setzen, legen wir hierzulande lieber doch noch einen drauf:

„Letzen Sommer hatten wir ja ein Wohnmobil gemietet gehabt!“

Nur auf diese Weise, mit gleich zwei Partizipien (ge... + ge...), so glauben wir ganz fest hier im Norden, kann unser Gegenüber wirklich verstehen, dass das mit dem Mieten schon eine ganze Zeit her ist. Also trotz der anderen Hinweise wie „letztes Jahr" und dem bereits vorhanden Plusquamperfekt („hatten gemietet"). Denn man weiß ja nie.

Norddeutsches Doppelmoppeln zeigt sich auch im **doppelten Küsten-Plural** bei Worten wie Männers und Kinners. Statt des Allerweltsplurals „Kinder" oder „Männer" hängt man hierzulande lieber noch ein „s" hinten dran. Wobei Sprachforscher den Sinn dieser Doppel-Plural-Konstruktion diesmal weniger in einem „Sicher ist sicher"

sehen, sondern zumindest im Fall „Männers" eine Art **maritimen „Affirmativ"-Plural** mit Ansprachen-Charakter vermuten, der für Sätze genutzt wird wie:
„Männers! Heute wird 'n Schlag reingehauen!"
Oder ***„Los, Männers! Alle raus aus dem Drachenboot, heute plündern wir die Hammaburg!"***
Oder auch: ***„Männers! Das Klopapier is alle. Wer war diese Woche mit Einkaufen dran?"***

Eine weitere Dopplung finden wir hier und da auch beim eigentlich unnötigen Gebrauch von Pronomen (also „ich, du, er/sie/es"). Wenn jemand zum Beispiel erzählt, was einem Bekannten gerade widerfahren ist und dafür eine der seltenen **Wandsbeker Doppel-Pronominalphrasen** nutzt, einen (eigentlich unnötigen) Mix aus Namen und Pronomen: ***„Er hier, Dietmar, nä? Weißt du, was ihm nu wieder passiert is?"***

Anstatt also nur „Dietmar" zu sagen und das Lokaladverb „hier" an den Satzanfang zu stellen, wie es normalerweise der Fall wäre - *„Hier, weißt du, was Dietmar nun wieder passiert ist?"* - dreht man den Satz mit einer rhetorischen Halse um bis zu 180 Grad und setzt wie zur Zier das Pronomen einfach noch oben mit drauf. Völlig überflüssig eigentlich, aber hört sich irgendwie kernig an, selbst im Dativ:
„Wem gehört denn der Wagen in der Einfahrt?" ***„Ihm hier, Dietmar!"***

Halten wir also fest, dass der Moinländer, wenn er nicht minimalistisch mit Ein-Wort-Sätzen unterwegs ist, sprachlich gern auch mal auf Nummer sicher geht. Und das hat Tradition: Denken wir an die **legendäre Doppel-Verneinung „Das hab ich nie nicht getan"**, die es heute leider nur noch im Ohnsorgtheater gibt.
Aber den Hang zum Doppelmoppeln finden wir auch auf kleinster Ebene, beim Doppeln von Buchstaben zum Beispiel. Und hier wird sogar vor Umlauten nicht Halt gemacht: Liebhaber des Nordens können Zeuge eines wohl nur im Norddeutschen vorkommenden Doppel-Üs werden, wenn Sie im Lokal eine Schnüüsch* bestellen.

ANSONSTEN GILT: Doppeltes *„ja"* (*„ja, ja"*) heißt *„Leck mich doch"* und ein abwinkendes Doppel-Nein (*„nein, nein"*) auf Fragen wie *„Stört es Sie, wenn wir in der Wohnung nebenan heute Abend Party machen?"* steht für *„Wenn ich nur einen Ton höre, hol ich die Bullen, du Arsch!"*

In diesem Sinne **MOIN MOIN!**

**eine beliebte Suppen-Spezialität (siehe rechte Seite).*

MOIN! KULINARISCH

SCHNÜÜSCH

ZUTATEN für 4 Personen:

200 g Kartoffeln
200 g Möhren
200 g Bohnen, dicke, frisch
200 g Erbsen, frische
500 ml Milch
50 g Butter
25 g Mehl
200 g Schinken (Katenschinken), in Scheiben
1 Bund Petersilie, gehackt
Salz und Pfeffer
Zucker

UND SO WIRD SIE ZUBEREITET:

Kartoffeln kochen. Die gekochten Kartoffeln pellen, in Scheiben schneiden und warm stellen. Dicke Bohnen, Erbsen und Karotten blanchieren und gar kochen. Das Wasser abgießen und 1/8 Liter zurückstellen.

Circa die Hälfte Butter im Topf zergehen lassen, Mehl hinzufügen, mit etwas Gemüsefond und der Milch auffüllen, aufkochen und das Gemüse hineingeben. Nochmals kurz aufkochen, warm stellen und mit Butterflocken veredeln.

Wenn die Suppe zu dickflüssig geworden ist, dann geben sie noch etwas Milch und/oder Brühe hinzu. Suppe mit der gehackten Petersilie bestreuen. Den Katenschinken zur Suppe reichen, er wird traditionell zu dieser norddeutschen Suppe gegessen.

GUTEN!

„Ich wüll ju wat mit Quicki!"

EROTIK UND PLATTDEUTSCH, geht das wirklich zusammen? Die einen sagen „Auf gar keinen Fall", die anderen meinen, das passt doch perfekt. Entscheiden Sie selbst und markieren Sie sich ggf. die ein oder andere Phrase und schauen mal, wie das beim Gegenüber so ankommt.

Un, wat nu? To mi oder to di? Haben Sie heute Abend schon etwas vor?

Ji langt jo to. Ji heft wohl Damp in n' Pott! Sie sind aber stürmisch.

Jo. Nich lang snacken, ick will di brackeln!
Ja. Mit Ihnen könnte ich mir nämlich durchaus ein amouröses Abenteuer vorstellen.

Töv of, bis dassu min Unterbux sees.
Warten Sie erst mal, bis ich Ihnen meine Reizwäsche zeige.

Un? Ist es so gut?

Jo, jo, mook wedder! Jo jo JOOO! Ja, an dieser Stelle ist es gar nicht so verkehrt.

Und nu kömm ick. Super, aber jetzt bin ich mal an der Reihe.

Nee, ji mööt si nun antrecken. Sons möt ji in Schapp slopen. Glieks kommt nämmich mien Ollen to Hus.
Nein, Sie sich müssen sich jetzt anziehen oder wollen Sie im Schrank nächtigen? Gleich kehrt nämlich mein Mann nach Hause zurück.

DAS GROSSE **MOIN-INSEL-QUIZ**

Kaum etwas steht mehr für den Norden und seine beschauliche Ruhe als seine Inseln. Und wenn man sich als Urlauber erst einmal in eine der vielen Inseln in Nord- und Ostsee verguckt hat, dann fährt man auch immer wieder dorthin in den Urlaub und spricht vor Bekannten und Verwandten gerne mal von „meiner/unserer" Insel (*„Wir fahren dieses Jahr wieder auf unsere Insel"*), deren Umriss man sich auch gern als Aufkleber hinten aufs Auto direkt neben das Nummernschild pappt. Gut ist 's, wenn man dann nicht zur falschen Insel greift, deshalb machen wir hier mal den Test.

A Rügen
B Usedom
C Fehmarn
D Sylt
E Amrum
F Norderney
G Pellworm
H Poel

TEIL 1 Ordnen Sie zu: Welcher Aufkleber ist der Umriss welcher Insel? (4 = Sylt)

1

2

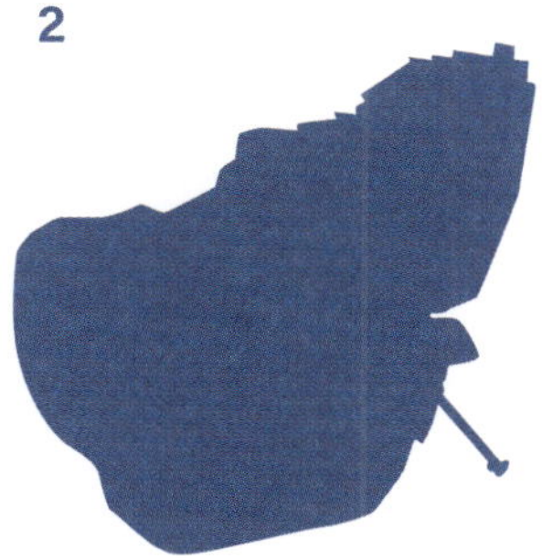

3

4

5

6

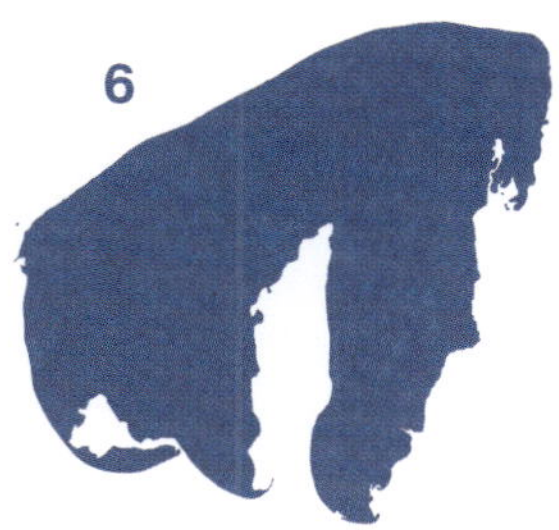

7

8

Auflösung S. 118

FINDE DIE **FALSCHEN INSELN!**

TEIL 2 *In die Liste mit allen deutschen Inseln in Nord- und Ostsee haben sich auch 10 erfundene Namen eingeschlichen.*

Ahrendsberg
Altherungsgruch
Amrum
Balmer Werder
Baltrum
Barther Oie
Baumwerder
Brackelnersand
Beuchel
Blauort
Bock
Borkum
Brinkenberg
Böhmke
Bullenriff oder Kuh-werder
Bullerbü
Dänholm (Kröslin)
Dänholm
Deinmuddaoog
Dödelwerder
Fährinsel
Fehmarn
Föhr
Gänsewerder
Görmitz
Greifswalder Oie
Gröde
Großer Werder
Großer Wotig
Grot Deil
Habel
Hamburger Hallig
Helgoland
Helgoland-Düne
Heuwiese
Hiddensee
Hooge
Juist
Kachelotplate
Kastenwerder
Kieler Ort
Kirr
Kleiner Rohrplan
Kleiner Werder
Kleiner Wotig
Kleine Werder
Koos
Langeneß
Langenriem
Langeoog
Langenwerder
Liebes
Liebitz
Lütje Hörn
Moinsen
Mährens
Mellum
Memmert
Minsener Oog
Mommsen
Neuwerk
Nigehörn
Norderney
Norderoog
Norderoogsand
Nordstrandischmoor
Ohauaerha
Oland
Öhe
Pellworm
Poel
Prosnitzer Werder / Gust.Werder
Riems
Riffbrink
Riether Werder
Ruden
Rügen
Scharhörn
Schlossinsel
Spiekeroog
Süderoog
Südfall
Sylt
Tedingsinsel
Tollow
Totenmannskiste
Trischen
Ummanz
Urkevitz
Usedom
Uthörn
Vilm
Vogelinsel
Walfisch
Wangerooge
Warder
Weidenschwanz
Werder
Wührens

Auflösung S. 118

DIE SCHÖNSTEN ROUTEN DES NORDENS

DIE ERLÖSUNGSTOUR VOM HASS ÜBER EKEL UND QUA(A)L DURCHS OSTSEE-HINTERLAND:

Wer schon einmal eine Pilgertour durch das sogenannte **EMOTIONEN-ECK** gemacht hat, weiß: Hier begegnet man fünf starken Gefühlen und muss diese, eines nach dem anderen, überwinden (man kann auf dieser Wallfahrt auch laut singen: „Dieser Weg wird kein leichter sein"). Aber am Ende steht eine Erlösung, eine geradezu spirituelle Reinigung, und man ist seine Sorgen endlich los!

WICHTIGE MOIN-BEGRIFFLICHKEITEN

Horizont

Der Horizont die den Himmel von

ist eine Linie,
der Erde abgrenzt.

FORSCHER SIND SICH SICHER:

Moin ist viel älter als angenommen!

MOIN-SPRACHKURS

„Sagen Sie mal, sind Sie von hier?“

Schön ist, wenn man in der Fremde mitreden kann, als würde man dazugehören. Heute lernen wir, in korrektem Norddeutsch, von einer Feier zu berichten und wie lange wir dort geblieben sind und uns königlich amüsiert haben. Durch gelernte und immer wieder repetierte Phrasen ist es auch für Touristen möglich, gezielt das Gespräch mit Einheimischen zu suchen.

LEKTION 3: SONDERGÄNG

Sprechen Sie für Lektion 3 zunächst das Wort ***„Sonder“***.
Und nun das Wort ***„Gäng“***, das Sie vielleicht aus US-amerikanischen Actionfilmen (Gang) kennen.
Danach verbinden sie die beiden Elemente zu einem einzigen ***„Sondergäng“***.

Wenn ein Einheimischer Sie nun fragt:
„Un? Wie lang habt ihr gestern Obend (Abend) noch (ge)macht?“
dann antworten Sie stolz:
„Hoho, dat ging noch lang: bis nach Sondergäng!“
(Das ging noch lange. Wir haben es richtig krachen lassen: bis nach Sonnenuntergang!)
Und schon schallt es Ihnen entgegen:

„Oha! Bis nach Sondergäng? Sagen Sie mal, sind Sie von hier?“

UNSER MOIN-ONLINE-KURS

Zum Erzielen eines noch größeren Lerneffekts einfach die Lektion mit dem QR-Code anwählen:

LEKTION 3

Sondergäng

WICHTIGE MOIN-BEGRIFFLICHKEITEN

Lenkerdrachen

Spätestens, wenn im Herbst der Wind so richtig losweht, finden sich an den weiten Stränden des Nordens die Fans der Lenkdrachen zusammen, um mit ihren bunten Sportgeräten die tollsten Saltos und spektakulärsten Kurven zu fliegen. Probleme dabei: Es braucht eine ganze Zeit, bis man den Dreh richtig raushat, die Schnüre haben die Tendenz, sich ständig zu verheddern und bei Flaute ist Schluss mit all dem Spaß! Immer mehr Sportfreunde wählen deshalb die preiswerte Alternative:

Der **LENKERDRACHEN**

100% SPASS AUCH BEI 0% WIND!

DAS **FRANZBRÖTCHEN**

Touristen stellen sich des Öfteren die Frage, warum für den ein oder anderen Ort im Norden allgemeingebräuchliche Vornamen herhalten mussten und ob es denn hierzulande einen Mangel an echten Städtenamen gibt. Sicher, im Falle von 25746 Heide und 25358 Horst ist dieser Verdacht nachvollziehbar. Wenn Touristen aus dem Süden dann aber beispielsweise auf dem Weg nach Skandinavien Einheimische fragen: *„Wer und wo ist eigentlich dieser Oslo-Kai?“*, dann finden wir Nordlichter das jedoch ein wenig übertrieben.
Auch Besucher aus englischsprachigen Ländern, die hinter dem Namen *„Aarbachkate“* – eine Raststätte an der A1 – irgendeine Kathrin, Katy oder eben Kate als Besitzerin oder Namensgebern wittern, rufen beim Norddeutschen nur Unverständnis hervor. Einfacher ist es da schon, wenn sich ein Zugereister durch eine Fehlbetonung nach einem gewissen *Franz Brötchen* erkundigt.

Hier können wir ganz nachsichtig erklären, dass das Franzbrötchen ein aus Plunderteig bestehendes, mit Zimt und Zucker gefülltes Feingebäck ist, das ursprünglich eine rein Hamburger Spezialität war, nun aber vielerorts im geografischen Bereich des Moin angeboten wird.

Seine Herkunft liegt eventuell in der Zeit der französischen Besatzung Hamburgs zwischen 1806 und 1814. Oder auch nicht, denn den Begriff *„Franzschbrot“* gab es wohl schon früher und es wird sogar von einer Franz'schen Bäckerei berichtet, die im damals noch zu Dänemark gehörenden Altona (heute ein Stadtteil von Hamburg) lag, und die unter anderem auch süßes Brot hergestellt hat.
„Nix Genaues weiß man nicht“, wie wir Nordlichter in so einem Fall treffend zusammenfassen.

Wichtig ist nur, dass man das durchsichtige *„Butterbrot“*-Papier, in dem ein ordentliches, heutiges Franzbrötchen verkauft wird, nicht einfach abfummelt, sondern zum Anfassen des „Brötchens" benutzt. Weil: Traditionell ist ein Franzbrötchen zusammengedrückt, sodass an den Seiten die karamellisierte Zucker-Zimt-Mischung austritt. Und die *„backt“* (klebt) sehr entschlossen an den Händen, wenn man das Gebäckstück einfach so anfasst.
NICH ERST AUSPROBIEREN. IS SO.

UMZIEHEN AM STRAND

Die Vier-Typen-Lehre

Erst die Arbeit, dann das Vergnügen. Das gilt auch am Strand, denn das Anziehen von Badesachen an einem Ort, meist ohne Umkleidekabinen, will gelernt sein. Fachleute unterscheiden hier vor allem vier verschiedene Umzieh-Typen.*

Typ SCHLANGENTÄNZER

Umziehen am Strand ist für diesen Typ Mensch wie eine Strafe des Schicksals. Vor jedem Strandbesuch fragen sie sich, was sie karmisch denn nun schon wieder verbrochen haben, um in einer solchen Situation zu landen. Dann verstecken sie sich hinter mindestens zwei Strandkörben und verhüllen sich zusätzlich in ein riesiges Badetuch. Wer diesen Typ Mensch nun heimlich beobachtet, sieht die Darbietung schlangenartiger Tanzbewegungen und stetiges Hin-und-Hergehüpfe, weil schon die leichteste Brise unsere zappelnden Tänzer aus dem Gleichgewicht bringen kann. Während dieser kultischen Bewegungsabläufe zwängen sie sich unter dem Tuch aus Hose/Rock und Unterwäsche hinein in Badesachen, die dann überraschenderweise kaum etwas von dem bedecken, was vorher so eifrig vor allen Blicken geschützt werden musste. Sodass man sich am Ende dann halt doch fragen könnte: Und wozu jetzt der ganze Tanz?

Typ NASSE ZWIEBEL

„Ich hab die Badehose schon drunter …!“ informiert diese Spezies ihre Umwelt noch lange vor Erreichen des Strandes, zum Beispiel während sie gerade noch ihr Fahrrad den Deich hochzwingt und eben diese druntergezogene Synthetik-Badehose bereits erste Schwielen an Po und Co. hinterlässt. Mit dieser der Zwiebeltaktik verwandten Technik umgeht dieser Menschentyp ganz clever das Dilemma des Umziehens am Strand. Allerdings haben viele Anhänger dieser Technik nur die eine Badehose dabei, die dann nach dem Bad in See oder Meer auch in der heißesten Sonne nie so richtig trocken wird und dauernass immer mehr Sand dazu einlädt, sich in und an der Hose festzusetzen, bis es dann irgendwann mit derselben Hose wieder auf dem Fahrrad zurück zur Herberge geht. Schon nach wenigen Tritten in die Pedale wird klar, warum diese Umzieh-Vermeidungs-Methode auch ScheuerSchenkelSpaß genannt wird.

**nach Rudolf Steinerstrand in „Deichdorf-pädagogik"*

Typ WEICHTEIL IM WIND

Umziehen am Strand ist für diesen Typ kein Problem. Im Gegenteil, es bietet die Chance, sich selbst, aber vor allen Dingen der gesamten Umwelt – die bis zu 250 m Umkreis haben kann – vorzuführen, wie frei man doch gegenüber dem zeitlich kürzeren oder längeren Aufblitzen der eigenen Geschlechtsteile ist. Und so hält dieser Typ Mensch bei jedem Badehose/Badeanzug-an/aus-Vorgang schneller die eigenen Weichteile in den Wind, als man weggucken kann. Und wenn man im darauffolgenden ***„War das eben real?"***-Modus noch mal hinguckt, baumelt da immer noch alles frei herum. Gern wird dazu auch noch irgendein nicht nachvollziehbares Gespräch mit Mitgereisten geführt, in einer Lautstärke, die einen darüber hinaus auch nicht weghören lässt. Sodass man ihm/ihr spätestens jetzt auf ewig zurufen möchte: ***„Muss das eigentlich so laut? Kannst du nicht auch leise ‚völlig frei' sein?"*** Erste Mottoschilder mit diesem Spruch sollen demnächst in allen Strandshops erhältlich sein.

Typ MYSTERIUM

Von dieser Spezies ist leider überhaupt nicht bekannt, wie sie sich am Strand die Badesachen anzieht. Diese Menschen waren gerade noch in Anzug, Kostüm oder T-Shirt und Shorts und urplötzlich stehen sie vor dir und haben ihre Badesachen an, ohne dass man gesehen hat, wie und wann sie sich umgezogen haben. Am Ende des Strandtages das Gleiche: Mit Glück kann man beobachten, wie sie sich ein wenig Sand von der Ferse wischen, um danach in ihre Socken und Schuhe zu schlüpfen, aber mehr ist einfach nicht drin. Ein Team internationaler Para-Wissenschaftler hat sich nun dieses Phänomens angenommen, ist sich derzeit aber noch uneins, ob es sich hierbei um Unsichtbarkeit handelt oder um die Fähigkeit, kurze Zeitsprünge zu unternehmen, innerhalb derer sich die Betreffenden dann ebenfalls völlig umständlich und unter gelegentlichem Fluchen - weil immer irgendwo Sand reinkommt -, die einen Klamotten aus- und die anderen anziehen.

Geschichte und Geschichten des Moinlandes!

Haithabu oder weshalb es gut war, dass die Wikinger noch keine Mülltrennung hatten!

Was Dänen, Schweden und sogar manche Norweger von Zeit zu Zeit mächtig ärgert, ist die Tatsache, dass die (neben dem schwedischen Birka) wohl größte Handelsstadt der Wikinger nicht im jetzigen Skandinavien stand, sondern hier bei uns im Land des Moin; Haithabu! Heute ist Haithabu in Teilen wieder aufgebaut und mit einem eigenen Museum versehen. Und wenn man sich an einem sonnigen Tag einmal auf die große Wiese hinter dem ehemaligen Verteidigungswall stellt, sieht man, wie riesig die Fläche dieses bedeutenden Handelsstützpunktes war, in dem etwa 1000 Bewohner ihr Zuhause hatten, rege Handel trieben und Schiff um Schiff be- und entluden. Seine Blütezeit hatte Haithabu zwischen 800 - 1000 n. C., aber vom ansteigenden Wasserspiegel bedroht und zwischendurch auch noch von slawischen Reitern verwüstet, wurde diese wunderbare Stadt aus Holz irgendwann aufgegeben und fiel danach für lange Zeit in Vergessenheit.

Dann aber, Ende des 19. Jahrhunderts, erinnerte man sich wieder an sie und fing fleißig an zu graben und im Wasser der Förde rumzustochern. Neben massig Funden von Alltagsgegenständen wie Löffeln, Bürsten, Waffen, mehr als 15.000 Fischknochen und jeder Menge Pfahllöchern war einer der Höhepunkte die Bergung eines Wikingerschiffes, das ... ja, wie soll man sagen ... zu der damaligen Zeit nicht wirklich umweltgerecht und vor allem ohne jeden Instinkt für Recycling einfach im Wasser entsorgt und dann dort „vergessen" worden war (merkt ja keiner). Dieser Umstand aber, also dass die Wikinger (und vor ihnen die Germanen) nicht die gelbe Wertstofftonne nutzten, führte am Ende dazu, dass die Gegend um Schleswig heutzutage ein wahres Eldorado für Archäologie-Fans ist.

Und die Vielzahl der Dinge, die dort dereinst einfach in der Erde verbuddelt wurden, Moorleichen inklusive, werden heute als wahrer Schatz ganz stolz sowohl im Museum von Haithabu als auch im ungleich größeren Museum im Schloss Gottorf ausgestellt, also gleich nebenan. Deshalb nichts wie hin, es lohnt sich.

Wenn mol wat nich
ganz so löppt,
as du di dat vörstellt has,
denn stell di eenfach
wat anners vör!

TESTE DEIN „NORD-FEELING“

Welche Ortsnamen gehören gefühlt in den Norden, welche nicht?

Moinstadt

Moinstedt

Moinbüttel

Moinheim

Moinhusen

Moinreuth

Moinweiler

Moinwohld

Moinhaven

Moinwald

Moinhafen

Moinumersiel

Mointrop-Rauxel

Moinau

Moiningerhof

Moinhude

Moinbach

Moinbeck

Moinlautern

Moinfurt

Moinwerder

Moiningerried

Moiningen

Moinecken

Wester-Moindeich

Moinesloe

Moineby

Auflösung S. 118

WICHTIGE MOIN-BEGRIFFLICHKEITEN

Musicals

Wer Urlaub an der Küste oder im Küsten-Hinterland macht, gönnt sich in der Regel auch einen Tagesausflug in die Musicalhauptstadt Deutschlands, Hamburg. Hier kann man vormittags Sightseeing machen, shoppen und abends dann eines der vielen Musicals besuchen, die gerade in den Theatern der Waterkant auf dem Spielplan stehen. Angefangen hat das Ganze irgendwann mal mit *Cats*, dann kam rasch *Das Phantom der Oper* dazu, dann *Der König der Löwen* und im Moment begeistert *Harry Potter* den Norden. Zwischendurch gab es das Abba-Musical *Mamma Mia*, das Udo-Jürgens-Musical *Ich war noch niemals in New York*, *Tanz der Vampire*, *Tarzan*, *Dirty Dancing,* aber auch Frivoleres wie das St. Pauli-Musical *Die heiße Ecke*.

So viele verschiedene Musicals, dass böse Zungen manchmal behaupten, hier, am drittgrößten Musical-Standort der Welt, werde ein wenig wahllos und aus fast schon jedem Mist ein Musical auf die Beine gestellt. Hauptsache, im Titel befindet sich ein bekannter Name, irgendwas von Disney oder etwas Traditionelles, das dann in Reeperbahn-Manier auf Hamburg gemünzt wird.

Bewohner der Stadt rechnen deshalb für die Zukunft mit dem Schlimmsten, vielleicht nicht unbedingt so etwas wie *IKEA, das Musical*, mit Ticket zum Selbstzusammenschrauben und zwei Teelichten gratis, aber viele haben in Gedanken bereits eine **TOP-DREI DER MUSICALS** aufgestellt, die diese Stadt auf jeden Fall in Kürze heimsuchen werden:

Platz 3

PETER AUF-DER-REEPER-PAN

Wegen der vielen Nacktszenen erst ab 18.

Platz 2

STAR WARS, DAS SINGEN DER MACHT!

Mit dem Chor der Finkenwerder Jediritter.

Platz 1

THE STAULIGHT EXPRESS

Täglich 2-mal live in Röhre 4 des Elbtunnels. Mit VIP-Einlass durch Auslösen der Höhenkontrolle.

MOIN-GRAMMATIK: NORDDEUTSCHE PRÄPOSITIONEN

LOKALE PRÄPOSITIONEN für unterwegs/unterwegens: nach und hin
KORREKTER FRAGESATZ: Wie komm ich nach Aldi/Lidl/Netto … hin?
Fast richtig: Wie komm ich zu Aldi/Lidl/Famila … hin?
VÖLLIG FALSCH: Wie komme ich denn zu Edeka/Penny?

MERKE: „nach" und „hin" gehören zusammen! Egal, ob „nach'n Supermarkt hin" oder „nach Oldenburg hin".

„Nach" als modale Präposition: Das soll er/sie lieber nachlassen = nicht tun.

Auf oder in?
Auf Sylt, auf dem Darß, auf St. Pauli, ABER in Westerland!
Und: Auf die Fresse!

Um! Falsch: ~~um zu.~~ Richtig: zu + um oder: umzu
Das ist mir zu um = zu kompliziert.
Bremen umzu = Bremen und drumherum
Da kann er nicht mit um = Er kommt damit nicht klar.
Richtig: mit + um

Bei beigehen = sich einer Sache annehmen.

DIE TOP TEN
DER NORDDEUTSCHEN WORTE MIT M

Weiter geht es mit unserem kleinen Moinland-Wort-Ranking …

8 MAL

Das Norddeutsche hat über Jahrhunderte Gefallen daran gefunden, aus hochdeutschen Phrasen unnötig erscheinende Worte einfach wegzulassen und den Rest dann ganz eigen zu betonen. So sagt man hier vielerorts statt ***auf einmal*** nur ***auf mal***, mit der Betonung auf *mal* wie bspw. in ***Auf mal hatt ich ein Apptit kricht, dat wor nich mehr normal!*** / *Auf einmal wurde ich dann sehr hungrig.*

ACHTUNG: MAL NICHT VERWECHSELN MIT …

7 MALL

Denn *mall* heißt so viel wie verrückt, bekloppt oder nicht ganz dicht. Mit dem entscheidenden Unterschied, dass es eher freundlich und nicht nach einer Beleidigung klingt und man deshalb auch zu guten Freunden durchaus sagen kann: ***Sech mol, bissu mall?***

6 MOKEN

So mokt wie dat, sagt der Norddeutsche, wenn er eine Entscheidung getroffen oder die einer anderen Person akzeptiert hat. *Moken heißt machen.*

LANDESKUNDE

Sund, Förde, Fjord, Belt und Co.

Oder: Danke Wikipedia! Warum die sogenannte „Fördestadt“ Flensburg zwar keine „Welt“, aber dafür eine „Beltstadt“ ist!

Wenn man sich bei Wikipedia die Einträge zu den maritimen Begriffen *Förde*, *Fjord*, *Sund*, *Belt*, *Bucht* und *Meeresarm* ansieht, dann findet man Folgendes:

> Als ***Förde*** bezeichnet man eine von einer landwärts wandernden Gletscherzunge gegrabene, üblicherweise schmale Meeres***bucht***. Sprachlich sind ***Förde*** die deutsche und *Fjord* die skandinavische Variante desselben Wortes. Geologisch gesehen sind die ***Förden*** aber keine ***Fjorde***, weil letztere durch seewärts wandernde Gletscher entstanden.
>
> Der Fehmarn***sund*** ist der ***Meeresarm*** der Ostsee zwischen Kieler Bucht und Mecklenburger Bucht, der die Insel Fehmarn vom Festland trennt. Bis 1963 wurde er von einer Eisenbahnfähre mit Autotransport zwischen Großenbrode Fähre und dem Ort Fehmarnsund überquert, bis im Zuge der Fertigstellung der Vogelfluglinie die Fehmarnsundbrücke errichtet wurde.
>
> Als ***Meeresarm*** bezeichnet man eine schmale ***Bucht***, die wesentlich weiter ins Land hineinragt, als sie breit ist.
>
> Eine ***Bucht*** ist in der Geomorphologie ein dreiseitig von höherem Gelände umschlossenes geografisches Objekt in lokalem oder regionalem Maßstab. Bei Gewässern ist die Bucht das ***Gegenstück zur Landzunge***.

Belte ***und*** *Sunde*: Als ***Sund*** wird im Ostseeraum und in Norwegen eine enge Meeresstraße oder deren engster Teil bezeichnet. Viele dieser Sunde sind nach der Insel benannt, die sie vom Festland oder einer größeren Nachbarinsel trennt. Meerengen namens ***Belt*** gibt es nur in Dänemark oder an dessen Grenze.

FASSEN WIR ALSO ZUSAMMEN:

Ein Belt ist ein Sund!	*Belt = Sund*
Ein Sund ist ein Meeresarm!!	*Sund = Meeresarm*
Ein Meeresarm ist eine Bucht!!!	*Meeresarm = Bucht*
Eine Bucht ist eine Förde!!!!	*Bucht = Förde*

TRANSITIVGESETZ! Wenn a=b und b=c, dann auch a=c
Nach dem Transitivgesetz folgt daraus rein logisch: Auch *Förden* sind *Belte*, auch *Belte* sind *Meeresarme*, auch *Buchten* sind *Förden* und alle zusammen sind das Gegenstück zur ***Landzunge*** (Seezunge?), aber weder *Förde*, *Belt*, *Bucht*, *Sund* und *Meeresarm* sind ein ***Fjord***!

Daraus folgt weiter, dass man auch bei Sportreportagen mit Flensburger Beteiligung (wo es sonst immer heißt *„schöner Angriff jetzt von den Fördestädtern“*) nun mit Recht sagen kann: ***„Schöner Angriff jetzt von den Sundstädtern, Buchtstädtern, Beltstädtern, Meeresarmstädtern oder was weiß denn ich?“*** ***Fjördestädter*** geht allerdings nicht (s. o.), da bleibt es bei den bewährten Fjord Fiesta und Fjord Mondeo.

RESÜMEE: Sorry, Flensburg, dumm gelaufen! Aber so ***sund*** die Dinge nun mal!

FUN FACT: Die in diesem Punkt leicht unzüchtigen Niedersachen umgehen das Bucht-Problem übrigens, indem sie ihre bekannteste und größte Bucht einfach BUSEN nennen!

FÜR UNSERE RHEINLÄNDER:

Dreimol Kölle Allaf! Ist okay, aber bitte beachten: Einmol MOIN es jenoch!!!

WIE GOTT (TROTZDEM) DAS „MOIN, MOIN" SCHUF!

Es war am siebten Tag der Schöpfung, Gott hatte seinen freien Tag, sich genüsslich auf eine kleine Bank oben auf dem Deich gesetzt und war mit sich und seiner Welt rundum zufrieden. Gerade gestern erst hatte er das ***MOIN*** geschaffen und hielt es für die absolute Krone der Schöpfung, zumindest, was Begrüßungsformeln anging. *MOIN* war einfach und hatte trotzdem etwas erhaben Schönes, jeder konnte *MOIN* völlig zwanglos benutzen, es schaffte Nähe statt Abstand und machte alle Menschen auf fast schon zauberhafte Art für einen Moment zu gleichgestellten Partnern. Kurz gesagt, Gott fand *MOIN* einfach *„mega-hammer-obergeil"* und machte sich im Kopf eine Notiz, dass er *„mega-hammer-obergeil"* unbedingt auch noch schöpfen musste, spätestens, wenn irgendwann die Adjektive an der Reihe waren.

Gott seufzte und von der Abendsonne leicht geblendet, blickte er kurz auf den Boden und sah, wie sein linker großer Zeh noch immer nervös hin und her wackelte. *„Da ist wohl jemand immer noch in Schöpferlaune"*, lachte er über sich selbst und überlegte, ob er trotz Ruhetag nicht doch noch mal einen drauflegen könnte, indem er dieses hammercoole *MOIN* vielleicht ein bisschen frisierte und eine Art Sonder-Edition davon auf den Markt werfen sollte. Warum denn nicht?

Was wäre denn, sagte er zu sich selbst, wenn so ein Nordlicht im Rahmen seiner Möglichkeiten beim Begrüßen mal so richtig aus sich rauskommen, vor Freude total ausrasten und völlig ausflippen, also kurz gesagt, mal extrem die Kuh fliegen lassen wollte ...? Dann brauchte der doch etwas, das genau dieses Lebensgefühl ausdrücken könnte, über das doch eher geerdete *„Moin"* hinweg.

Gott stellte sich fliegende Kühe vor und fing erst an zu grinsen, dann leicht zu giggeln und dann entfuhr ihm ein frenetisch donnerndes *„HA!"* und er war sich sicher, dass er gerade für einen kurzen, aber entscheidenden Moment einen Blick in die Tiefe der norddeutschen Seele erhascht hatte.

Freudig wischte er sich eine Träne aus dem Auge und wusste instinktiv, wie dieses völlig überkandidelte Gefühl fürderhin zu benennen ist, das sich im Nordmenschen allerdings mehr im Inneren abspielen würde: ***„MOIN, MOIN"***! Damit könnte ab genau jetzt ein jeder hier in der Gegend auf ein freundliches *MOIN* nicht nur ebenfalls *MOIN* antworten, sondern - insofern er einfach derbe gut gelaunt war oder auf Drogen - mit *MOIN, MOIN* so richtig einen draufsetzen.

MOIN, MOIN!

Achtung, Ausland!

Manchmal sind die Grenzen fließend und man befindet sich zwar immer noch im Norden, aber bereits außerhalb vom Moinland. Einfach auf folgende Zeichen achten:

DU BIST BEREITS IN DÄNEMARK, WENN:

- Die Currywurst „Pölser" heißt, null Curry hat, aber 'ne Wurst so rot, als ob sie sich für irgendwas schämt.
- Wenn du nach „Öl" für dein Auto fragst und man dir 'ne Dose Bier in die Hand drückt.
- Du fünf Minuten „falsch" parkst und ein Vermögen dafür bezahlen sollst.

DU BIST BEREITS IN DEN NIEDERLANDEN, WENN:

- Du blöd angeguckt wirst, weil du im „Coffeeshop" einen Kaffee bestellst.
- Orange nicht Oranje heißt, sondern, extra kompliziert, „Sinaasappel".
- Man dazu verführt wird, überall reinzuglotzen, weil die Fenster keine Gardinen haben.

Labskaus ist eine von vielen Nicht-Moinländern zutiefst missverstandene Mahlzeit. Gut, wenn man ehrlich ist, sieht dieses ehemalige Schiffsessen aus, als ob es schon mal verdaut wurde, aber gerade deshalb muss dieses Gericht dann ja zumindest geschmacklich überzeugen. Wie sonst hätte Labskaus bis heute als traditionelle Speise des Nordens überleben können?
Und die oft als etwas gewöhnungsbedürftig wahrgenommene, leicht rötliche Farbe dieser Mahlzeit sollte heutzutage auch endlich zu einem Image-Wechsel beitragen, denn sie stammt von der Zutat Rote Bete. Und Rote Bete ist ja so was von gesund und trendig! **ALSO AB AN DEN HERD!**

MOIN! KULINARISCH

LABSKAUS

ZUTATEN für 4 Personen:
1 Zwiebel oder 2 Schalotten (für den feineren Gaumen)
1/4 Bund Petersilie
450g feines Rindfleisch/Rinderbrust, gepökelt
2 mittelgroße Gewürzgurken
200 g Rote Bete
viel Salz und ein wenig Pfeffer

UND SO WIRD ES ZUBEREITET:
Zuerst die Rote Bete schälen, in Stücke schneiden und in einem kleinen Topf etwa 10 Minuten kochen (am besten dampfgaren, damit sie später leichter durch den Fleischwolf gehen). Zwischendurch die Zwiebel/Schalotten schälen und vierteln, dann zusammen mit der Petersilie in einem großen Topf zum Kochen bringen. Wer mag, kann hier noch einen Hauch Ingwer oder ein Lorbeerblatt beigeben. Das Ganze dann etwa 10 Minuten köcheln lassen. Dann rein mit dem Rindfleisch in den Topf und für ca. 60 Minuten alles zusammen köcheln lassen. In dieser Zeit die Kartoffeln schälen, vierteln und die letzten 20 Minuten mitkochen lassen. Jetzt das Sudwasser in eine kleine Schale abgießen, dann die Kartoffeln vom Rest des Topfinhaltes trennen und stampfen. Die Rote Bete und das Fleisch samt Zwiebeln und Petersilie durch den Fleischwolf drehen und mit dem Kartoffelstampf vermischen. In diese Masse nun kleine Gewürzgurkenwürfel mischen und ein Achtelliter Sud beigeben, Salz, je nach Geschmack.

Dazu passen traditionell Spiegeleier, einfach oben als Krone auf eine Portion Labskaus gesetzt.

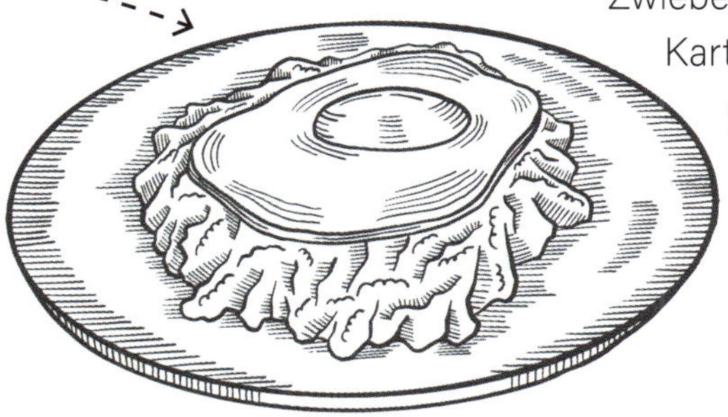

REINGEHAU'N

Befund: akute Norditis!

MEDIKATION:

Morgens MOIN

Mittags MOIN

Abends MOIN

Dr. Dünstrand

TERRA MOIN

Geschichte und Geschichten des Moinlandes!

Die Geschichte beweist: Der Nordmensch ist ein Macher!

Uns Nordlichtern wird gemeinhin eine Art Bräsigkeit unterstellt, ein Temperament wie das eines dösenden Bären, was durch den Gebrauch unseres gemütlichen Wortes *MOIN* zusätzlich unterstützt wird. Die lange unbekannte Wahrheit aber ist: *So sind wir nur nach außen!* Unter unserer gemüt- und unerschütterlichen Schale sind wir Nordlichter nämlich rein traditionell schon **ECHTE MACHERTYPEN**. Archäologische Funde können das zweifelsfrei beweisen:

Die ältesten archäologischen Funde von Bewohnerinnen und Bewohnern der Länder des Moin liegen zwischen Hamburg und Ahrensburg. Hoch spezialisierte Jäger haben hier am Ende der letzten Eiszeit - vor etwa fünfzehntausend Jahren - im großen Stil Rentieren nachgestellt. Zuerst mit Speeren, um etwa achttausend vor Christus dann mit Pfeil und Bogen. Und hier wird 's interessant:

Zwar gibt es in der Menschheitsgeschichte schon als älter datierte Funde in dieser Richtung, es handelt sich dabei aber meist nur um Pfeilspitzen, die auch Teil einer Speerschleuder sein könnten. Oder um vereinzelte Pfeilschäfte, aber ohne Bogen, und hin und wieder werden Wandkritzeleien von Strichmännchen entdeckt, die mit Bogen(?) irgendwelchen Tieren hinterherlaufen.

Die ältesten zweifelsfreien Beweise für den tatsächlichen Gebrauch von Pfeil und Bogen, also, dass die Dinger wirklich zum Einsatz kamen, dass sie funktionierten und man damit für längere Zeit seine Nahrungsprobleme lösen konnte, den gibt es nur bei uns hier oben im Norden! Nur hier wurden neben einer Vielzahl von Pfeilspitzen sowohl von Pfeilen erlegte Tiere als auch ein echter konservierter Bogen gefunden.

Ahrensburger Tunneltal
15.000 v. Chr. ca. 12.30 Uhr
Ja, Moin! Die Dinger funktionieren ja wirklich!

Und dann ist da **DAS RAD**! Bisher nahm man an, dass es vor vier- bis sechstausend Jahren irgendwo im Vorderen Orient erfunden wurde und armenische Wissenschaftler protzen mit dem Fund des wahrscheinlich ersten, vierrädrigen Wagens um etwa zweitausend vor Christus. Aber die ältesten Radspuren der Welt stammen aus ... na? Eben: Schleswig-Holstein! Kein Witz: In der Nähe von Kiel sind bei Ausgrabungen innerhalb einer Anlage von Grabhügeln - etwa fünftausendvierhundert Jahre alt - die Abdrücke von Rädern und eine etwa 20 Meter lange „Reifenspur" (Kavalierstart?) zutage gekommen.

Wie gesagt. Beide epochemachenden Erfindungen (Pfeil/Bogen, Rad) ***stammen*** höchstwahrscheinlich nicht aus unserem Norden, aber: Hier im Norden hat man eventuell als Erster erkannt, was man mit solch tollen Erfindungen alles anstellen, also „machen" kann! Der ruhige, entspannt-besonnene Nordmensch überrascht eben nicht nur hin und wieder als Feierbiest mit dem Kampfruf „Nich lang schnacken, Kopp in 'n Nacken", sondern ist heimlich auch noch ein echter MACHER-TYP nach dem Motto:

Nich lang schnacken, beweg die Hacken!

Ein typischer Dialog zwischen Vater und Sohn wird sich damals bestimmt nur wenig anders angehört haben als heute:

Moin! Was geht? Sollst du heute noch ein paar Rentiere klarmachen?

Nee, Vatter, ich muss mit´n Wagen nach Hamburch hin. Pfeilspitzen sind alle!

Ja gut. Aber eins sach ich dir: Wenn du wieder alles voller Reifenspuren machst, denn machst das diesma selber weg! Allns klor?

*Ja, ja.**

*siehe „Ja, ja" S. 36 und S. 54

MOIN-SPRACHKURS

„Sagen Sie mal, sind Sie von hier?“

Schon Charles Darwin wusste, dass Anpassung unser Überleben sichert. Deshalb fahren wir fort mit unserem authentischen Norddeutsch-Sprachkurs für alle Moinländer und die, die gern im Moinland zu Besuch sind. In dieser Lektion erfahren Sie, wie Sie in einem norddeutschen Ausflugslokal authentisch einen sommerlichen Nachtisch bestellen.

LEKTION 4: EIMER OZELOT

Viele Touristen wissen nicht, wie sie norddeutsch korrekt Nachtisch bestellen sollen, dabei ist es so einfach: Sprechen Sie zunächst das Wort ***„Eimer“***.
Und hinzu nehmen Sie dann das Wort ***„Ozelot“*** – Sie wissen schon, die kleine amerikanische Wildkatze – aber mit langem „O“, also „Ozeloot“.

„Eimer Ozeloot“

Und wenn Sie nun jemand fragt:
„Hier, sollt ihr noch 'n Nachtisch haben?“ (Möchte jemand von Ihnen noch Nachtisch?)

Dann können Sie jetzt erfolgreich antworten:
„Ja, bidde, eimer Ozeloot.“ (Ja, bei einem Schälchen Obsalat wären wir gern dabei.")

Sodass die freundliche Bedienung Ihnen sicher entgegenbringt:

„Eimer Ozeloot? Sagen Sie mal, sind Sie von hier?“

UNSER MOIN-ONLINE-KURS

Zum Erzielen eines noch größeren Lerneffekts einfach die Lektion mit dem QR-Code anwählen:

LEKTION 4

Eimer Ozelot

MOIN-TEST: **WITZIGES OSTFRIESLAND?**

Ostfriesland ist eines der Kernländer des Moin und wird immer noch als Ort einer Vielzahl von Ostfriesenwitzen gehandelt. Viele fragen sich deshalb: *„Was ist dran am Mythos witziges Ostfriesland?"* Wir haben den Test gemacht mit traditionellen „Herr Ober"-Witzen. *Wie witzig sind Ostfrieslands Städte wirklich?*

Herr Ober, mein Glas ist LEER.

Soll ich Ihnen ein neues bringen?

Was soll ich denn mit noch einem LEERen Glas?

SUPER!

Herr Ober, da ist ein Haar in meiner Suppe.

Nicht so laut, sonst will JEVER hier eins haben.

OKAY.

Herr Ober! In meiner Suppe schwimmt eine Fliege!"

Das ist ja trAURICH, aber keine Angst, die isst nicht viel.

NA JA.

Herr Ober, ich WILL HELMSHAVEN.

Tut mir leid, mit Helm kost' extra.

GEHT GAR NICHT!!

AND THE WINNER IS: LEER! EMDEN gut, alles gut.

WICHTIGE MOIN-BEGRIFFLICHKEITEN

Ohnsorg-Theater

Das Hamburger Ohnsorg-Theater ist die wahrscheinlich bekannteste niederdeutsche Bühne und selbst über 50 Jahre alte Stücke mit Heidi Kabel und Henry Vahl werden wieder und wieder hervorgekramt und bis heute im ersten Programm im TV gezeigt. Für viele Menschen südlich des Nordens damals wohl der erstmalige Kontakt mit dem Wort *MOIN*! Damit man bei Stücken - die gefühlt fast immer in einem Treppenhaus spielten, wo sich sofort zwei neue Türen öffneten, sobald sich eine schloss - außer *„Moin"* aber auch den Rest der Handlung verstehen konnte, hat das Theater, das normalerweise nur in echtem Platt spielt, eine Art Kunstsprache entwickelt, ein Hochdeutsch mit jedoch typisch norddeutschem Klang, wo man ständig über den sogenannten *„spitzen Stein stolperte"* , wo also *„ßpitz"* statt *„schpitz"* gesagt wird.

3 DINGE, woran man erkennt, dass man gerade ein traditionelles Ohnesorg-Theaterstück sieht:

1 Wenn SIE über eine andere Frau (die sich erdreistet hatte IHREN Ehemann anzulächeln) meint: *„Also diese ... diese ... (Kunstpause) Nymphomanin!"*, worauf das Publikum gleichzeitig verschämt und dennoch polternd loslacht.

2 Wenn ER darauf dann kleinlaut sagt: *„Du sach ma, das wollt ich schon immer mal wissen, was ist denn das überhaupt, 'ne Nymphomanin?"* und das Publikum rote Ohren bekommt.

3 Und wenn SIE dann wiederum den Vogel abschießt mit der Erklärung: *„Das ist ... also ... das is eine, die nie genug kriegen kann ... So wie du mit dem Bier!"* Und das Publikum erleichtert in dennoch explosivstes Gelächter verfällt, dankbar, dass man auf der Bühne gerade noch mal die Kurve gekriegt und den Anstand bewahrt hat.

MAN IS HIER JA NICH AUF'R REEPERBAHN!

STEINSTRAND, FEINSTRAND ODER LIEBER **DEICHRAND?**

STEINSTRAND

Unter Steinstrand versteht der Norddeutsche *„Kieselstrand“*, also alles, was die Fortbewegung am Strand erschwert (vor allem barfuß), von kleinen Steinchen bis zu dicken Brocken.

FEINSTRAND

Feinstrand geht von staubfeinem weißen Sand bis zu leicht grobkörnigerem, lehmig ockerfarbenem Sand. Bei starkem Wind weht einem das Zeugs dann um die Ohren (und in die Augen).

DEICHRAND

Nicht überall gibt 's es einen *„echten Strand“*. Gerade an der Nordsee grenzt ans Watt der Deich. Hier kann man dennoch prima in der Sonne liegen und sich anschließend im Meer abkühlen. Wenn es denn gerade da ist. Den *„Deich**brand**“* kann man sich hervorragend auf dem gleichnamigen Musikfestival in Cuxhaven abholen.

WELCHER STRAND IST DEINER?

Ich liebe es, mich am Meer auf meinem Strandhandtuch in die Sonne zu legen und genüsslich zu chillen. Egal, auf welchen Untergrund. Wenn unförmiges Flint- und Granitgestein mir die Wirbelsäule ruiniert, bis nur noch ein Chiropraktiker helfen kann ... mir doch egal!

STEINSTRAND

Ich finde es total toll, mit nackten Füßen über den Strand und bis hinein ins Wasser zu schlendern. Dass ich dabei ständig umknicke und mir die Fußsohlen aufschneide ... mir doch egal.

Ich liebe es, am Meer in meinem Kindle zu lesen. Ob das Ding nach einmal Benutzen voller Sonnencremeflecken ist und nach zwei Mal am Strand so eingesandet, dass man es wegwerfen kann ... mir doch egal!

FEINSTRAND

Ich finde es total toll, am Meer endlich mal meine Ruhe zu haben und einen Strand so fein wie in der Südsee zu vorzufinden. Dass es hier mega laut ist, weil natürlich alle hierher kommen ... mir doch egal.

Ich liebe es, am Meer Fußball zu spielen, ob das Gras dabei voll mit Schafkötteln und das Gelände insgesamt extrem abschüssig ist und der Wind keine Pässe zulässt ... mir doch egal!

DEICHRAND

Ich liebe es, wenn hier im Norden endlich mal ein Tag mit hohen Temperaturen kommt, Sonne satt und nicht zu viel Wind, wo man ins Meer springen kann und sich sauwohl fühlt ... wenn genau in diesem Moment Ebbe ist und man höchstens im Watt wühlen kann ... mir doch egal!

***Sonne,
Sand
und Meer.***

Und MOIN!

WARUM DER **HAMBURGER** **HÄMBÖRGER** HEISST

Einerseits ist es nur ein Frikadellenbrötchen, aber andererseits ist es das berühmteste Frikadellenbrötchen der Welt. Insofern ist es verwunderlich, dass die Herkunft des Begriffes *„Hämbörger"* im Dunkeln liegt. Denn wieso ist so ein rundes Brötchen mit Frikadelle mit noch so'n büsch'n Gemüse anbei ausgerechnet nach Norddeutschlands größter Metropole benannt?

Relativ unzweifelhaft ist, dass der Begriff Hämbörger in den USA geformt und von dort wieder in den Norden zurückimportiert wurde (und in den Rest der Welt). Eine (sehr gewagte) Theorie ist, dass es sich ursprünglich vielleicht um ein Schinkenbrötchen gehandelt hat, das sich aus Hamburg in die USA verirrt hatte und dort so viel Begeisterung hervorrief, dass man an dem Wortspiel Schinken = englisch *„ham"* Gefallen fand, das Brötchen zunächst als *„Häm"*börger feierte, bis man herausfand, dass es mit einer Frikadelle drin noch besser schmeckt, man das *„ham"* im Namen dann aber einfach so gelassen hat, Fleisch ist schließlich Fleisch, anstatt das Ding nun folgerichtig Beefburger zu nennen. Diese Theorie ist insofern folgerichtig, als dass es ja auch Cheeseburger heißt und Fishburger, was sich beides am Belag des Brötchens orientiert. Höchstwahrscheinlich liegt die Wahrheit der Namensfindung aber gar nicht beim Belag, sondern beim Brötchen selbst!

Um die Zeit der großen Auswanderungswellen in die USA galt eine Frikadelle in einem für Hamburg typischen Brötchen - einem sogenannten Rundstück - als begehrte Speise der Hansestädter. Wo die Brötchen anderswo auf ihrer Oberseite nämlich eine Furche, Rinne oder Ähnliches vorweisen, hat das runde Brötchen der Hamburger eine glatte Oberfläche, genauso, wie wir sie heute auch bei jedem Hamburgerbrötchen im Fast-Food-Restaurantvorfinden. Und das extrem beliebte Rundstück, warm, mit Fleischbelag drauf, frisch aus der Pfanne, war, so vermutet man, Teil des Speiseplans vieler Auswandererschiffe von Hamburg in die USA, wo es ebenfalls dankbare Abnehmer und Fans fand. Und Hand aufs Herz: Was lässt sich für einen Amerikaner wohl besser aussprechen: *„Rundstuckwarrrm"* der *„Hämbörger"*? Na eben.

SO WURDE DER HAMBURGER ZUM HÄMBÖRGER. UN NICH ANNERS!

CHECK DEIN NORD-FEELING

Was ist korrekt?

FICKELINSCH

A) Jemand mit einem unmoralischen Lebensstil
B) Verzwickt, kompliziert

KATTEKER

A) Eichhörnchen
B) Rolliger Kater

LEIWAMS

A) Faulpelz
B) Ausdruck, wenn man seinen Pullover vergessen hat

HEUSCHNÖÖF

A) Amouröses Abenteuer in der Scheune
B) Heuschnupfen

PONS

A) Dicker Bauch
B) Ärger, den man nach einem Seitensprung bekommt

PLÜSCHMORS

A) Hummel
B) Jemand mit wabbeligem Hinterteil

KRÖTSACK

A) Alter Mann
B) Vorlautes Kind

Auflösung auf S. 118

GEBRAUCH VON MODALVERBEN DES NORDDEUTSCHEN

magsu sollsu willsu mussu darfsu kannsu

Magsu 'n Bier? = Willkommen, was möchtest du trinken?
Sollsu noch 'n Bier haben? = Möchtest du noch ein alkoholisches Getränk zu dir nehmen?
Willsu noch 'n Bier, oder mussu noch Auto fahren? = Egal, nimma noch eins.
Darfsu noch 'n Bier, oder krissu dann Ärger zu Hause? = Komm, ich schenk noch mal nach.
Kannsu noch oder... wo bissu überhaupt? = Was machst du denn jetzt unter dem Tisch, weiter geht´s.

Phrasen des Gefallens und Missfallens mit „KÖNNEN" im Indikativ:
ICH KANN DAS NICHT AB, wie du dich anstellst! = Du möchtest Wasser? Wer trinkt denn Wasser?
Doch, doch. DER KANN DAS AB! = Schenk ein das Ding, er verträgt einiges!

Im Konjunktiv:
DAS KÖNNT ICH JETZT AUCH GUT HABEN! = Oh, lecker, wie wär´s mit ´nem Schnaps zwischendurch?

Ein FAZIT (des Abends) ziehen, v.a. südwestlich der Elbe gebräuchlich (Bremen umzu): KANNSCHA NIX AB! = Jetzt liegst du ja schon wieder unter dem Tisch!

MOIN-WAPPENKUNDE

Irgendetwas ist schiefgelaufen bei der Wahl der Wappentiere in einigen unserer Seebäder, Inseln und Küstenstädte.

Wenn man sich beispielsweise die Ostfriesischen Inseln mal von oben ansieht, dann erinnert die Silhouette Borkums klar an einen Seehund, der überrascht zur Seite schaut, die von Norderney erinnert an eine Kaulquappe mit langem Schwanz, Wangerooge sieht aus wie ein Seepferdchen, Baltrum hat ein Barthaar wie ein Wels, Juist ist ein langer Aal und Spiekeroog sieht aus wie ein Pottwal.

Da würde man doch erwarten, dass man diesen natürlichen Bezug zu populären Wasserwesen mit auf sein Wappen nimmt, oder?

Aber statt Spiekeroog ist es Baltrum, das - gleich zwei - Wale in seinem Wappen trägt. Wangerooges Seepferdchen finden sich im Wappen von Timmendorf Strand und Hiddensee wieder und niemand an unseren heimischen Küsten ist bisher auf die Idee gekommen, einen Seehund für sein Wappen zu wählen, obwohl man davon Kuscheltiere, Autoaufkleber und wat nich sons allns herstellen könnte! Also, man will ja nix gesagt haben, aber Leute, denkt da doch wirklich noch mal über nach!

Wappen
HIDDENSEE

Insel-Silhouette
WANGEROOGE:
Seepferdchen

Wappen
TIMMENDORFER STRAND

Wappen
WANGEROOGE

BORKUM: Insel-Silhouette Seehund
Merchandise Steilvorlage?

Von wegen!

Wale-Wappen
BORKUM

SPIEKEROOG: Insel-Silhouette Pottwal!

Wappen
SPIEKEROOG

SCHNEE?!

Schnee im Norden? Gibt es das wirklich? Doch, gibt es. Und wenn die ersten Flocken vom Himmel fallen, stürzen die Nordlichter sogar allesamt an die Fenster und rufen begeistert „SCHNEE!“

Spätestens aber, wenn sich einige von ihnen dann auf den Weg zur Arbeit machen (Auto, Bahn, Bus, Fahrrad, Roller, Scooter, egal), erinnern sie sich kollektiv daran, dass bei Schnee ja traditionell der Verkehr zusammenbricht. Und in so einem Fall will der Nordmensch kein Spielverderber sein und beteiligt sich (zur Verwunderung aller Süddeutschen) mit übervorsichtigem Fahren oder aber mit Jetzt-erst-recht-Rasen daran, dass alle mindestens eine Stunde zu spät nach Hause kommen und dann und wann sogar einige auf der Autobahn übernachten müssen. Das Phänomen *„Schnee“* ist hier oben so selten, dass, wenn es dann passiert, wir jedes Mal wieder neu überlegen müssen: *„Schnee? Da war doch was, sind die Straßen dann mehr oder weniger rutschig? Wie war das bloß noch?“*

Aber am Ende lächelt der relaxte Norddeutsche solche kleinen Katastrophen natürlich lässig weg. Denn irgendwie sieht sie ja doch ganz schmuck aus, die pittureske Schneedecke, die alles, passend zum Norden, wunderbar ruhig und irgendwie zu Postkartenmotiven macht. Aber leider nur für wenige Stunden, weil ja sofort wieder Tauwetter kommt. Ja, und dann haben wir den Salat, beziehungsweise den Schneematsch. Und wenn der Norddeutsche eins nicht mag, dann ist das dieser breiige, meist mit Brauntönen versehene Wasser-Baggermatsch, der die Kraft hat, alles in seiner Umgebung ebenfalls irgendwie hässlich, ein wenig verwahrlost, unhanseatisch, zumindest aber ein ganzes Stück unordentlich wirken zu lassen. Hier allerdings kommt aber nun die Fähigkeit des Norddeutschen zutage, aus so einer unglücklichen Situation trotzdem das Bestmachbare herauszuholen und es dem Schneematsch einfach heimzuzahlen, indem man ihn verspottet.

Denn was die Inuit mit ihren zehn Worten für Schnee können, das kann der Mensch im Land des Moin schon lange. Und so haben wir hier oben starke, **FÜNFZEHN WUNDERVOLLE WORTE FÜR FIESEN, BRAUNEN SCHNEEMATSCH:** *Reifendurchdrehflitsch, Aquaschlick, Autofußmattenschiet, Gehwegsoße, H2O-Diarrhoe, Kristallkloake, Firnpampe, Abwasserbrei, brauner Plödder, Glitschepudding, Plusgradepoo, Wegesrandschleim, Hartwasserplörre, Vierschanzentod, Radkastengülle.*

*Wenn die Pfützen
nich gefroren sind,
dann is Sommer!*

DER NORDEN IN DER FORSCHUNG

DEICH- UND DÜNEN-DEMENZ

Volkstümlich *Strand-Schlusigkeit* genannt, tritt jetzt zum ersten Mal in den Fokus wissenschaftlicher Aufarbeitung. Die Grundfrage der Arbeitsgruppe aus sechs Medizinern ist:

Warum verlieren wir ausgerechnet an Sandstränden grundsätzlich Dinge wie Ohr- und Eheringe, Armbanduhren, Kontaktlinsen, Geldmünzen, Badehosen ...?

Erste Hypothese: Vielleicht liegt es an belasteter Seeluft, der durch Seetang oder Möwenkot psychotrope Substanzen beigemischt werden, die uns in eine Art *Heute-ist-mir-alles-shietegal-Zustand* versetzen. Finanziell unterstützt wird das Projekt vom Tourismusverband MGdM (*Mehr-Geld-durch-Meer*), die verhindern wollen, dass Strandbesucher zukünftig auch noch vergessen, die Kurtaxe zu bezahlen.

NEUES AUS DER BUDDELSCHIFF-FORSCHUNG

Weil die Frage *„Wie kommen die Schiffe eigentlich in die Flaschen?“* durch langjährige Forschung mittlerweile zweifelsfrei beantwortet werden konnte - die Masten lassen sich aufrichten, das Schiff wird also flach durch den Flaschenhals gedrückt und dann erst werden mit einem feinen Bändchen die Masten in die Senkrechte gezogen -, widmet sich die Wissenschaft, unterstützt von einer Vielzahl von Hobbyforschern und Verschwörungstheoretikern, mittlerweile einem Folgeproblem:

Wer säuft vorher eigentlich die ganzen Flaschen leer?

Aliens? Doppelagenten? Echsenwesen? Wir warten gespannt auf Antworten.

DAS WINDMUSCHEL-THEOREM

Beschreibt ein Problem, dem Forscher des Max-Planck-Instituts für Experimentelle Physik mittlerweile seit vielen Jahren auf der Spur sind und ihr ein eigenes Theorem (auch Pandora-Paradoxon genannt) gewidmet haben, das einen einmal eingeleiteten und ab da nich mehr rückgängig zu machenden Vorgang beschreibt. Aufbauend auf der einfachen Frage: ***Wie geht die Windmuschel bloß wieder zurück in die Hülle?***

In einer Vielzahl von Testdurchläufen à tausend Probanden hat es innerhalb von 10 Jahren nur ein einziger Mensch geschafft, die Windmuschel an einem Strand seiner Wahl innerhalb von nur 32 Minuten wieder in die vom Hersteller mitgelieferte Hülle zurückzustopfen. *Dieser Versuchserfolg wird mittlerweile jedoch angezweifelt, da bei dem jungen Mann aus Dithmarschen unmittelbar später ein Miniatur-Bolzenschneider sichergestellt werden konnte, der das Versuchsergebnis beeinflusst haben soll.*

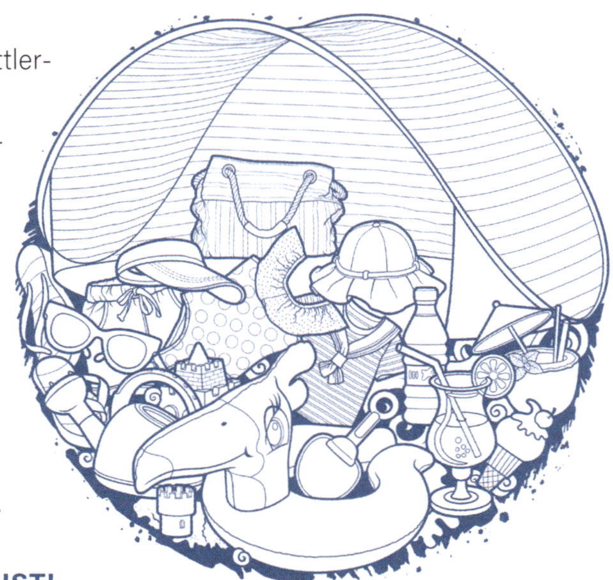

Und auch das Hinzuziehen von Experten für Hieroglyphen, die mittlerweile große Teile der verwackelten Schwarz-Weiß-Fotos auf dem Beipackzettel übersetzen konnten, brachte am Ende nicht den gewünschten Erfolg. Die Windmuscheln weigerten sich immer noch beständig, in ihre scheibenförmigen Synthetikbehältnisse zurückverbracht zu werden.

In den USA fordern Verbraucher für Windmuscheln mittlerweile einen Aufkleber, der gut lesbar auf original verpackten Strandutensilien angebracht werden soll, um zumindest Minderjährige davor zu beschützen: *Parental Advisory; das Freilassen des Inhalts dieser Verpackung kann zu Schreikrämpfen und Lebenskrisen führen.*

LASSEN SIE DAS VERDAMMTE DING EINFACH DA, WO ES IST!

Heute kein Wind, der dich vom Deich fegt?

Dann mach ich das eben!

Dietmar D., 69, Rentner mit E-Bike „Pacemaker“

BERGE IM NORDEN!

Was viele Besucher des Nordens nicht wissen: Unsere Gegend ist voll von Bergen! Und das sind nicht nur die offiziellen „Giganten" des unmittelbaren Nordens wie der 169 m hohe Wilseder Berg, der nur einen Meter niedrigere Bungsberg mit seinem funktionierenden Skilift oder der 110 m hohe (aus Schutt gestapelte, aber mit Schlitten befahrbare) Hamburger Müllberg, sondern eine große Vielzahl von eher unbekannten Bergen, auf deren Existenz jedoch Straßenschilder hinweisen wie „Hamburger Berg" und „Bergstraße" sowie alles, was auf „barg" endet, was ebenso „Berg" bedeutet, wie in Steenbarg, Heubarg, Rugenbarg, ...

All diese Namen weisen also explizit auf ein Vorhandensein von - sagen wir mal - *„bergigen"* Strukturen hin. Das einzige Problem ist dabei (vor allem für Menschen ohne kulturelle Wurzeln in der norddeutschen Tiefebene): ***Für das bloße Auge sind viele dieser Berge gar nicht zu erkennen!***

Ein Berg bei uns an der Küste ist im Süden der Republik vielleicht gerade mal ein Hügel! Wo Schleswig-Holsteiner stolz über ihr Bungsbergmassiv berichten, würde man dazu in Garmisch-Partenkirchen vielleicht gerade mal von einer Anhöhe sprechen. Um in Zukunft solche sprachlichen Missverständnisse auszuräumen, hier nun endlich eine schon lange notwendige **NORD-SÜD-ERDERHEBUNGS-UMRECHNUNGSTABELLE:**

IM SÜDEN	IM NORDEN
Hügel	*Berg*
Huppel	*Felsvorsprung*
Erdhaufen	*Steilwand*
Fahrrad über Zebrastreifen schieben	*Abfahrtsrennen*
Zaunpflock in hügelige Wiese schlagen	*Gipfelkreuz*
10% Steigung	*oha!*
20% Steigung	*erhöhte Unruhe*
30% Steigung	*totale Panik*

Im Norden machen
Stürme schiefe Bäume.

Im Osten bringt die
Sonne nahtlos Bräune.

An beiden Küsten - mega schoin -
sagt man den ganze Tag lang
MOIN.

DIE TOP TEN
DER NORDDEUTSCHEN WORTE MIT M

Einige Worte im Norden klingen sehr ähnlich, bedeuten aber sehr Unterschiedliches. So ist es auch bei unseren Plätzen fünf und vier unseres kleinen M-Wort-Rankings …

5

MUGGELICH

Allein durch seinen Klang kann man schon erahnen, was dieses norddeutsche Wörtchen wohl ausdrücken soll. ***Muggelich*** heißt im Norddeutschen manchmal auch kommod und wird auf Hochdeutsch am besten mit gemütlich übersetzt. Ach, was is das hier drin so muggelich warm.

ABER VORSICHT, AUF KEINEN FALL VERWECHSELN MIT:

4

MUCHELICH

Denn ***muchelich*** heißt so viel wie muffelig (im Sinne von stinken). Wenn Sie also hören: Hier roicht dat aber muchelig, dann bedeutet das: Hier sollte man aber ganz, ganz dringend mal lüften. Und wenn eine Speise muchelich schmeckt, dann sollten Sie lieber nicht weiteressen.

GRIMM UND CO.:

Warum es so wenig Nord-Märchen gibt

Wenn man nur mal so zum Spaß Grimms Märchen durchblättert, könnte man meinen, die Brüder hätten irgendwelche Vorbehalte gegen unsere Meeresregion. Mit *„Vom Fischer und seiner Frau“* findet sich gerade mal ein einziges maritimes Märchen in ihrer eigentlich umfangreichen Sammlung - wenn man die Bremer Stadtmusikanten jetzt mal als eher städtisches, nicht-maritimes Märchen begreift.

Der ganze andere Kram um Hexen, Prinzen, Prinzessinnen, des Teufels Großmutter, Hänseln und Greteln spielt gefühlt in Wäldern, Tälern deutscher Mittelgebirge und teilweise im Hochgebirge. Aber Meer? Fehlanzeige!
Nun ist es aber nicht so, dass sich die Grimms die Märchen selber ausgedacht hätten, nein, sie haben sie sich erzählen lassen, haben fleißig mitgeschrieben, verschiedene Versionen der Märchen neu zusammengesetzt und diese dann als Sammlung in Buchform herausgegeben. Und selbst diese eine Geschichte von besagtem Fischer samt riesigem Fisch, der Wünsche erfüllt, haben sie nicht selbst erfunden, sondern sie wurde ihnen von einem Kollegen zugesteckt.

Was sagt das jetzt aber über unseren schönen Norden?
Sind wir zu fantasielos, zu *dröge/droich*, um abends am Lagerfeuer dem neuesten heißen Scheiß aus dem Land der Feen und Nixen zu lauschen? Liegt so was außerhalb unserer Programmierung des Deichbaus, Fischfangs und Moin-Zunickens? Oder bedeutet unser vermeintliches Defizit an maritimen Volksmärchen in Wahrheit, dass wir abends, wenn das Tageslicht erloschen ist, auch einfach mal den Sabbel halten können? Einfach nur dasitzen und aufs Meer glotzen, ohne uns mit irgendwelchen zertanzten Schuhen, sieben Raben oder einzelnen bösen Wölfen abzulenken und uns stattdessen einfach nur im Hier und Jetzt aufhalten?

Oben auf dem Deich.
Nur Wir und das Meer.
Und nicht Wir und das Meerchen.

Oha!

Ist im Norden nicht nur ein gebräuchlicher Ausruf der problematisierenden Verwunderung (*„Oha, billig wird das nicht“* = das kann teurer werden), sondern auch eine kleine Ortschaft in der Nähe von Plön: 24326 Oha. (Nicht zu verwechseln mit 21465 Ohe). Außerdem muss *Oha* rein grammatisch auch als eine Art Adjektiv angesehen werden, schließlich kann man es steigern:

Grundform/Positiv: *Oha!*

Komparativ: *Ohauerha!*

Superlativ: *Ohauer(h)auerha*“

Zuhause ist dort,
wo man MOIN sagt.

PRIEL, SIEL, SPÜLI UND **MEGA-PERLS**

Neuankömmlinge im Norden wundern sich häufig über die begriffliche Nähe einiger Landschaftsbezeichnungen zu denen bekannter Putzmittel, also Priel/Pril, Siel/ Sil.

Gibt es so etwas wie eine Wechselwirkung zwischen diesen Begriffen, die sich zwar verschieden schreiben, aber exakt gleich ausgesprochen werden? Gibt es irgendeine Verbindung? Vielleicht ja diese:

Ein **PRIEL** ist ein *Wasserlauf* im Watt und wer bei Sommersonne durchs Watt wandert, freut sich regelmäßig über die Frische eines Priels, in dem man sich zwischendurch mal das Watt von den Füßen spülen lassen kann. Wer weiß, vielleicht sind es genau diese Frische und die Tätigkeit des *Abspülens*, die dazu beigetragen haben, ein Spülmittel nach eben jenem Priel zu benennen (allerdings ohne e nach dem i, wahrscheinlich, damit man der Marketingabteilung der Waschmittelhersteller noch ein wenig kreative Eigenleistung zusprechen kann). Und bei der Namensuche für einen Fleckenentferner hat man sich dieses Schemas erinnert, hat aber - weil Priel schon besetzt war - auf Siel gesetzt (und dort natürlich auch das e weggelassen, der Konkurrenz will man ja in nichts nachstehen). Ohne zu wissen, dass ein **SIEL** ein *verschließbarer Wasserdurchlass* eines Deiches ist und höchstens eine Analogie zum Auslass einer Waschmaschine aufweist.

Ähnlich ist es bei Spüli, das - wenn man's drauf anlegt - ebenfalls einen Verwandten im maritimen Bereich hat. Ein **SPÜLFELD** ist ein Bereich, auf dem *Meeres- und Hafenschlamm abgelagert* wird. Okay, *„Baggermatsch"* bietet sich nicht wirklich an für einen Imagetransfer von maritimer Frische hin zu Putzmitteln. Vielleicht ein Zeichen der Zeit, dass sich die Beeinflussung Meer/Waschmittel mittlerweile umzudrehen scheint: Denn wer kennt nicht die frischen, einfach zu handhabenden Mega-Perls? Und Überraschung: Wie heißt die neue, künstlich angelegte Binnen-Sandstrand-Lagune für den perfekten Familienurlaub in Büsum? Richtig: *Perlebucht!* Und das „n" wurde auch direkt weggelassen. Zufall? Spätestens, wenn Marne mit der *Palmolive-Tropenwelt* und Neuharlingersiel mit dem *Spüli-Wasserrutschenpark* nachzieht, wissen wir mehr.

WICHTIGE MOIN-BEGRIFFLICHKEITEN

Tee

Warum trinkt man in Ostfriesland eigentlich traditionell Tee, wo es doch so tolle Kaffeebecher mit Moin drauf gibt?

Wie bei so vielen Phänomenen des Nordens liegt auch hier die Antwort tief im Dunkeln - weil 's halt schmeckt? Bekannt ist nur, dass diese geradezu fanatische Hinwendung zum Teekonsum seit Anfang/Mitte des 17. Jahrhunderts besteht. In den drei Jahrhunderten danach haben unterschiedliche Könige und Fürsten versucht, den Ostfriesen den Tee auszureden oder auch ganz zu verbieten, gebracht hat es nichts. Die Ostfriesen starteten stattdessen sogenannte Teemonstrationen und Schmuggelaktivitäten für ihr Lieblingsgetränk und sind nun Weltmeister im Teetrinken, mit einem **300-LITER-TEE-PRO-KOPF-VERBRAUCH IM JAHR**. Das ist ca. ein Liter pro Tag und damit doppelt so viel wie der Pro-Kopf-Verbrauch an Kaffee des allgemeinen Niedersachsen, der mit vier Tassen am Tag, also etwa 1/2 Liter, immerhin auf Platz zwei in Deutschland rangiert.

Ostfriesen sprechen mittlerweile von einer eigenen Tee-Kultur, wie sie Chinesen und Japaner haben, und haben diese als schützenwertes Kulturgut eintragen lassen. Wobei es in Wahrheit verschiedene Arten dieser Zeremonie gibt, abhängig davon, ob man seine Ostfriesenteemischung (Hauptbestandteil ist die Teesorte Assam) ohne alles oder mit Kluntjes (brauner oder weißer Kandiszucker) oder mit Kluntjes und Milch/Sahne trinkt.

Letztere beiden „Glaubensrichtungen" starten damit, dass der Kluntje in die vorgewärmte Tasse gelegt und dann langsam mit Tee übergossen wird, sodass der Zucker leicht knisternde Geräusche von sich gibt. Wo für die einen ab diesem Punkt das Paradies auf Erden wieder einmal neu erschaffen wurde, kommt für die anderen erst jetzt der eigentliche Clou: Ein Tropfen Sahne, Milch oder Rahm wird in den Tee gegossen, der sich wie eine Wolke darin verteilt. **WICHTIG IN BEIDEN FÄLLEN: UMRÜHREN VERBOTEN!**

Ab hier berichten beide Genussrichtungen stolz über die nun bevorstehenden drei Phasen des eigentlichen Teekonsums:

TEE (NUR) MIT KANDIS:
1: Am Anfang bitter (weil der Kandis sich noch nicht aufgelöst hat),
2: Dann irgendwann perfekt balanciert (nach einigen Minuten steht der Kandis im richtigen Verhältnis zum Tee) und
3: Am Ende völlig übersüßt (weil sich jetzt der gesamte Kandis aufgelöst hat, aber nun zu wenig Tee in der Tasse ist).

TEE MIT KANDIS UND SAHNE/MILCH:
1: Am Anfang milchig, vor allem am Tassenrand.
2: Nun etwas bitter (der Tee noch ohne genügend Süße)?
3: Zum Ende hin wunderbar süß bis fast ein wenig zu süß.

Minimale Trinkmenge ab hier: Drei Tassen, wer vorher abwinkt, gilt als sehr unhöflich.

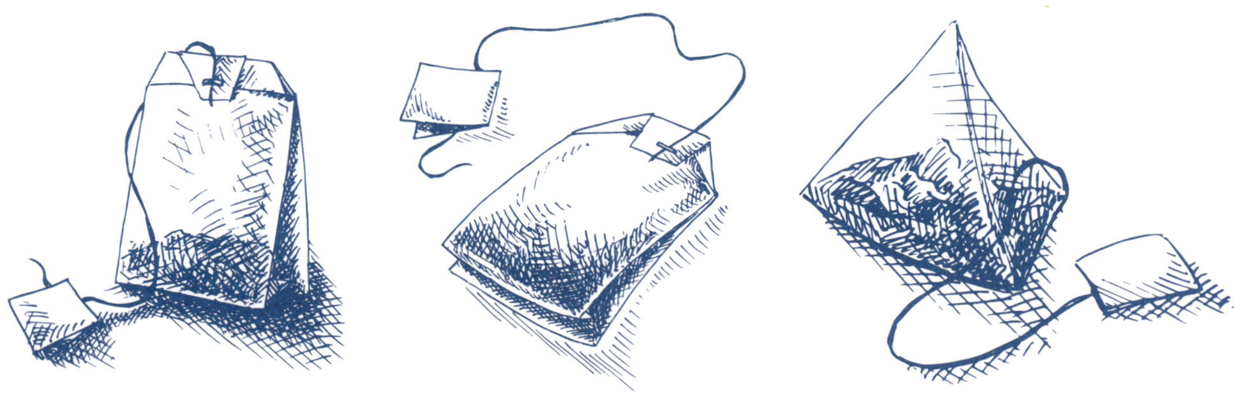

MOIN ALS **MEGA-MITBRINGSEL**

Wenn man sich auch nur einmal ganz kurz in einen der Souvenirladen irgendwo an der Küste verläuft, dann kommt man sehr schnell zu dem Schluss, dass unser MOIN das wohl vielfältigste Wort der Welt ist, wenn es darum geht, was für eine Menge von Gegenständen es schmücken kann. Es gibt scheinbar wenig bis nichts, was nicht geht.

Hier eine kleine Übersicht. Kreuzen Sie gern an, wenn Sie etwas davon bereits besitzen:

GIBT ES

- ☐ Postkarte
- ☐ T-Shirt
- ☐ Windbreaker
- ☐ Regenjacke
- ☐ Socken
- ☐ Halstuch
- ☐ Basecap
- ☐ Becher
- ☐ Zierkissen
- ☐ Zierdecke
- ☐ Bettwäsche
- ☐ Tasse
- ☐ Mottospruch-Schild
- ☐ Wandtattoo
- ☐ maritim bemalter Stein
- ☐ Küchenschürze
- ☐ auf Sonnenbrille
- ☐ auf Buddelschiff
- ☐ auf Vogelhäuschen
- ☐ auf edler Kramdose aus Holz
- ☐ als Name von kleinem Segelboot
- ☐ Badetuch
- ☐ Stift
- ☐ Küchenmagnet
- ☐ Schneekugel
- ☐ Flaschenöffner
- ☐ Hundenapf
- ☐ Autoaufkleber
- ☐ Babystrampler

GIBT ES (NOCH) NICHT

- ☐ Moin-Brause
- ☐ Moin-Bier
- ☐ Moin-Toillettendeckel
- ☐ Moin-Klopapier
- ☐ Moin-Schnaps
- ☐ Praline Moinzartkugel?
- ☐ Seife
- ☐ Grillhandschuh
- ☐ Küstennebelmalbuch Moin, inkl. Farbstift grau
- ☐ Toaster, der MOIN-Schriftzug in Toastscheibe brennt
- ☐ Moin-Windel
- ☐ Brandenburger Tor mit Schriftzug Moin
- ☐ Tirolerhut mit Stickerei Moin
- ☐ Bierseidel Moin, Moin
- ☐ Moin-Kuhglocke
- ☐ Moin-Parfüm (Seetang?)
- ☐ Wasserpfeife mit Moin-Aufdruck
- ☐ Schweizer Moin-Taschenmesser
- ☐ Moin-Kuckucksuhr ruft „Moin" statt „Kuckuck" (***schnell Patent anmelden!!***)
- ☐ Busunternehmen, willkommen bei Moin-Tours

GIBT ES (HOFFENTLICH) NIE

- ☐ Moin als Vorname: Moin-Uwe Schneider
- ☐ Moin als Stadt: St. Peter-Moin
- ☐ Moin als Fußballclub: FC Moin München
- ☐ Moin als Solarauto: VW Moin
- ☐ Moin als Straße: Biegen Sie rechts in Moin.

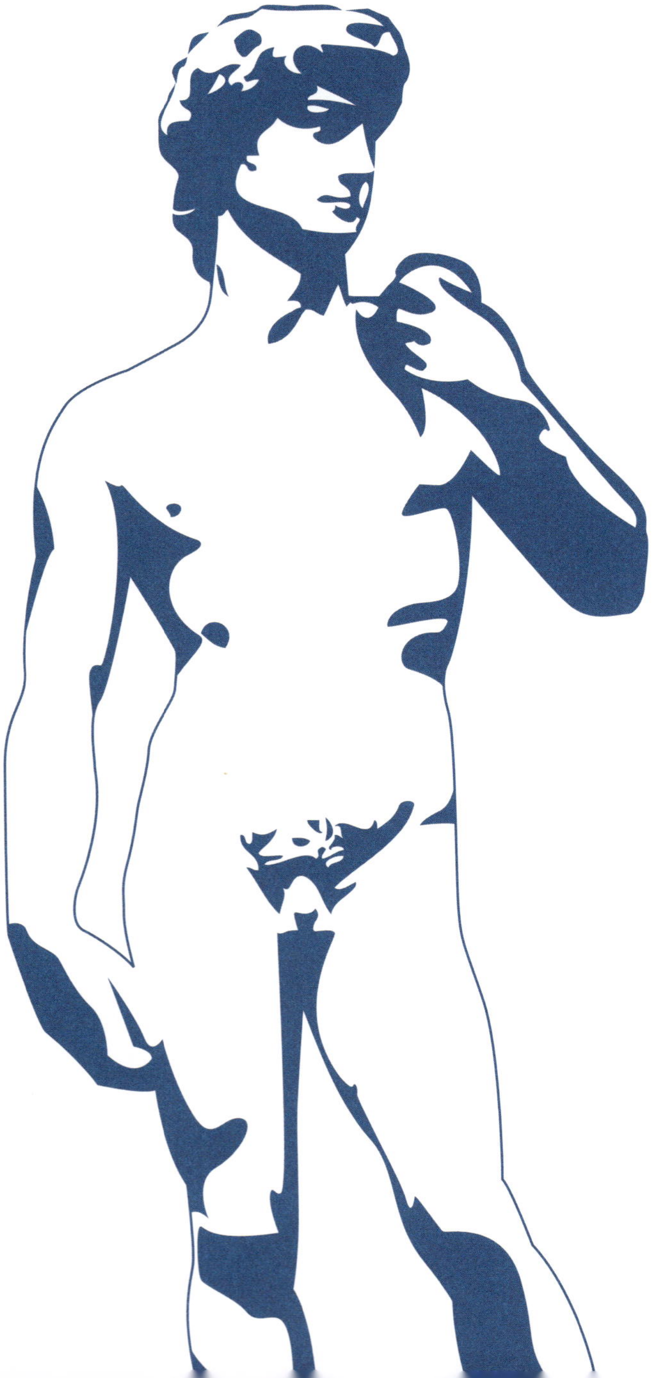

MOIN-STRANDWISSEN

FKK

Wer sich an den norddeutschen Küsten auskennt, der wird, freiwillig oder unfreiwillig, auch schon einmal am FKK-Strand gewesen sein. FKK steht für **F**REI**K**ÖRPER-**K**ULTUR. Noch in den Sechziger- und Siebzigerjahren war FKK ein echtes Reizwort und durfte in keiner trendigen Strandkolumne als Thema fehlen, wenn dem Artikel ansonsten ein wenig Witz, Schrulligkeit oder Exotik fehlte.

FKK war etwas für junge Wilde, die völlig unangepasst und revolutionär die Langweiler in ihren Badehosen und Badeanzügen schocken wollten.

Heute gibt es an jedem ernstzunehmenden norddeutschen Strand einen eigenen FKK-Bereich und wenn man sich da mal hin verirrt, ist man tatsächlich etwas geschockt, weil die Zielgruppe augenscheinlich nicht nachgewachsen ist. Das Durchschnittsalter liegt in der Regel nämlich weit über dem von unserem Fischstäbchen-König Käpt'n Iglo.

SAG'S MIT KFZ-KENNZEICHEN

Was die wenigsten wissen: Autokennzeichen in Norddeutschland eignen sich nicht nur für kurze, freche Mitteilungen wie KI-FF oder SE-X, sondern lassen sich auch zu kulturell wertvollen Kurzaussagen kombinieren. Vorausgesetzt, man parkt die richtigen Fahrzeuge nebeneinander:

KLASSISCHE BILDUNG:

SE IN 1455
OD ER 122
NI CH 8993
SE IN 1455

REZEPTIDEEN DER NOUVELLE CUISINE

FRI KA 1622
OH NE 2000
SE NF 493

PROBLEMORIENTIERTE PAARGESPRÄCHE

EL LI 3226
SE I 1278

NI CH 1987
PLÖ D 8993

VORFREUDE AUF HEISSE LIEBESNÄCHTE

OHA 00001
OL AF 6661
HOL T 5278
SE KT 2020

AUSDRÜCKEN DER ANGST VOR PERSÖNLICHER KÄLTE

OH WE 0001
OL LI 8993
HEI ZT 1210
NI E 8993

Sabbel nich, dat geit!

MOIN-SPRACHKURS

„Sagen Sie mal, sind Sie von hier?“

Jetzt, in der Endphase unseres kleinen Norddeutschkurses sind Sie in der Lage, nicht mehr nur Empfehlungen von Einheimischen zu verstehen, sondern können bereits selbst Tipps geben und Hilfe anbieten. Die typische Situation: Neben Ihnen hält ein Auto mit süddeutschem Kennzeichen, das Seitenfenster wird umständlich heruntergekurbelt und heraus schiebt sich der Kopf eines neu Zugereisten. Er oder sie fragt Sie beispielsweise nach dem Hundestrand.

LEKTION 5: FRODODOMONO

Machen Sie es nun genau wie die echten Einheimischen. Sprechen Sie zuerst den aus dem ‚Herr der Ringe' bekannten Namen ***„Frodo“***, betont auf der zweiten Silbe, dem *„do“*. Danach sprechen Sie ***„mono“***, also das Gegenteil von stereo, wieder mit der Betonung auf *„no“*. Wenn Ihnen beides leicht von der Zunge geht, dann setzen Sie einfach mal ganz übermütig genau in die Mitte ein weiteres ***„do“***: ***Fro-do-do-mo-no.***

Nun können sie norddeutsch korrekt antworten:
Hundestrand? Noch nie gehört. Aber frododomono!
Hundestrand? Keine Ahnung. Aber fragen Sie dort doch mal nach.

Dankbar für den spontanen Kontakt mit einem vermeintlich Einheimischen können die Neuankömmlinge nun beseelt ihre Reise fortsetzen und Sie sonnen sich in ihrem Erfolg, Auskunft leisten zu können, **GENAU WIE JEMAND VON HIER!**

UNSER MOIN-ONLINE-KURS
Zum Erzielen eines noch größeren Lerneffekts einfach die Lektion mit dem QR-Code anwählen:

LEKTION 5
Frododomono

DIE TOP TEN DER NORDDEUTSCHEN WORTE MIT M

Hier sind sie nun, die Top 3 der Worte mit M aus dem Moinland!

3

MULLWORP

Nein, *Mullworp* ist kein Abfalleimer, keine Mullbinde und auch keine neue Antriebsenergie bei Star Trek, sondern beschreibt einen ganz normalen Maulwurf. Achtung, die Pluralform ist in der Regel Mullworpen.

2

MOONG

Moong (Morgen) ist nicht Moin, das ist glasklar! Gudn Moong ist hinter Moin wirklich nur zweite Wahl! Moong gebrauchen wir im Moinland eigentlich nur, wenn wir den morgigen Tag meinen, wenn morgen beispielsweise endlich das Dach repariert werden soll: *Moong muss ich ma bei'n Dach beigehen.*

1

MOIN

Wer hätte es gedacht ..., aber der unangefochtene Spitzenreiter der Norddeutschen Begriffe ist und bleibt *MOIN*! Moin ist der Türöffner unter den Worten des Nordens. Kein anderes Wort schafft es so wie Moin, in Nullkommanichts die Fugen zu glätten und aus Wildfremden Freunde zu machen. Einfach Moin sagen und schon bist du in den „Stamm" der Norddeutschen so gut wie integriert.

MOIN!

TESTE DEIN MOIN-WISSEN

MOIN-ZERTIFIKAT

Norddeutsch in Wort und Schrift!

AUFGABE 1: WEGBESCHREIBUNGEN GEBEN UND VERSTEHEN : „DA LÄNGS!“

Fülle die Lücken und übersetze diesen Text in korrektes Norddeutsch: Zuerst fahren Sie dahinten links, dann rechts und dann noch zweimal links, dann sind Sie am Ziel.

Also: Zuerst fährssu da längs, denn fährssu da längs. Denn irgendwann fährssu _____ und denn ..., Moment, ach ja, noch einmal _____ und denn stehssu direkt davor!

AUFGABE 2: KULTUR UND KULINARISCHES UND KLÖNSCHNACK Was ist korrekt? A, B oder C?

Nordseekrabben sind in Wahrheit: ☐ Südseekrabben ☐ Ostseekrabben ☐ Garnelen

Was bedeutet: Watt mutt, datt mutt? ☐ Watt ist für uns alle da! ☐ Was/Wer ist schon deine Mutter?
☐ Was muss, das muss

Welches ist keine typisch norddtsch. Speise? ☐ Halligbroot ☐ Schnüüsch ☐ Obatzter

Was bedeutet: bummelig? ☐ besoffen ☐ so um und bei ☐ schlecht gelaunt

Wofür steht FKK? ☐ FriesenKrabbensuppenKultur ☐ FördenKulturtaxenKultur ☐ FreiKörperKultur

Welcher Begriff steht für die typische gelbe Regenjacke? ☐ Friesen-Nerz ☐ Biene-Maja-Kittel ☐ Prinz-Heinrich-Cape

Was sagt der Nordmensch, wenn er ein Problem wittert? ☐ Uhu! ☐ Oho! ☐ Oha!

Tee ist das „National“getränk der ...? ☐ Hamburger ☐ Nordfriesen ☐ Ostfriesen

AUFGABE 3: DIE 5 GENITIVE DES NORDENS (S. 23):

Das ist Franziska_ Auto.

Das ist Franziska ___ Auto.

Franziska? ___ _____ Franziska denn?

Na, Franziska ___ Henry!

AUFGABE 4: HIER DIE FRAGEN VOM MOIN-AKTIVITY VON SEITE 37: Welche Museen gibt es wirklich?

☐ Kreidemuseum auf Rügen ☐Bleistiftmuseum auf Usedom ☐Knopfmuseum Wismar ☐ Reißverschlussmuseum Rostock ☐ Heinz-Erhardt-Museum Hamburg ☐ Otto-Museum Emden ☐ Friedensmuseum Worpswede ☐ Panzermuseum Munster ☐ Legoland Emden ☐ Miniaturwunderland HH ☐ Rum-Museum Flensburg ☐ Köm-Museum Kücknitz ☐ Museum der Arbeit HH ☐ Freizeitmuseum Bremen ☐ Prototypenmuseum HH ☐ Fototypenmuseum Leer

AUFGABE 5: HIER DIE FRAGE VOM INSEL-QUIZ (S. 57):
Welcher Aufkleber ist der Umriss welcher Insel?

____

____

AUFGABE 6: FINDE DIE FALSCHEN INSELN (QUIZ VON S. 58)!
Notieren Sie hier die 10 falschen Inseln:

____

____

AUFGABE 7: TESTE DEIN „NORD-FEELING" VON S. 70. Was gehört gefühlt in den Norden?

____

____

AUFGABE 8: CHECK DEIN NORD-FEELING (S. 90) WAS IST KORREKT, A ODER B? Was bedeutet

Fickelinsch ☐ Jemand mit einem unmoralischen Lebensstil ☐ Verzwickt, kompliziert
Katteker ☐ Eichhörnchen ☐ Rolliger Kater
Leiwams ☐ Faulpelz ☐ Ausdruck, wenn man seinen Pullover vergessen hat
Heuschnööf ☐ Amouröses Abenteuer in der Scheune ☐ Heuschnupfen
Pons ☐ Dicker Bauch ☐ Ärger, den man nach einem Seitensprung bekommt
Plüschmors ☐ Hummel ☐ Jemand mit wabbeligem Hinterteil
Krötsack ☐ Alter Mann ☐ Vorlautes Kind

AUFLÖSUNG *Pro richtiger Antwort gibt es 1 Punkt*

AUFLÖSUNG AUFGABE 1

- 2-mal da längs muss eingefügt werden.

AUFLÖSUNG AUFGABE 2:

- Nordseekrabben sind Garnelen.
- *Watt mutt dat mutt* heißt *Was muss, das muss.*
- Bummelig heißt *so um und bei.*
- FKK ist FreiKörperKultur.
- Ein Friesennerz ist die Regenjacke des Nordens.
- Tee trinkt man in Ostfriesland.
- Obatzter gehört nicht in den Norden.
- Oha!, wenn man ein Problem bemerkt.

AUFLÖSUNG AUFGABE 3:

Die korrekten Genitivformen sind:

- Das ist Franziskas Auto.
- Das ist Franziska ihr Auto.
- Das ist Franziska ihr sein Auto.
- Franziska? Wen seine Franziska denn?
- Na, Franziska von Henry!

AUFLÖSUNG AUFGABE 4: RICHTIG SIND:

Kreidemuseum, Knopfmuseum, Ottomuseum, Panzermuseum, Miniaturwunderland, Rummuseum, Arbeitsmuseum, Prototypenmuseum

AUFLÖSUNG AUFGABE 5: RICHTIG SIND:

3 a Rügen, 7 b Usedom, 8 c Fehmarn, 4 d Sylt
2 e Amrum, 5 f Norderney, 2 g Pellworm, 6 h Poel

AUFLÖSUNG AUFGABE 6: KEINE DEUTSCHEN INSELN SIND:

Mommsen, Altheringsgruch, Langenriem, Dödelwerder, Brackelnersand, Deinmuddaoog, Moinsen, Ohauerha, Totenmannskiste, Bullerbü

AUFLÖSUNG AUFGABE 7: IN DEN NORDEN GEHÖREN GEFÜHLT:

-büttel, -stedt, -husen, -werder, -haven, -wohld, -siel
-hude, -katen, -beck, -loe, -by, -deich

AUFLÖSUNG AUFGABE 8: KORREKT IST:

Katteker: *Eichhörnchen*
Leiwams: *Faulpelz*
Fickelinsch (sprich figgeliensch): *verzwickt, kompilziert*
Heuschnööf: *Heuschnupfen*
Pons: *dicker Bauch, Wampe*
Plüschmors: *Hummel (hat ein puscheliges Hinterteil)*
Krötsack: *vorlautes Kind*

AUSWERTUNG

0-20 PUNKTE: **MINI MOIN**

Ganz ehrlich: Zu einem richtigen zertifizierten MOIN hat es diesmal noch nicht gelangt. Aber das ist kein Grund, den Kopf jetzt in den Nord- oder Ostseesand zu stecken, es sei denn, du baust grade eine Sandburg. In letzterem Fall kannst du dir dann noch mal 5 Punkte gutschreiben und rückst dann mit etwas Glück eine Kategorie höher. Ansonsten: Gut Ding braucht Weile! Mach doch noch ma so drei bis vier Mal Urlaub hier oben und du wirst sehen, irgendwann kommt da ein inneres, intuitives Verständnis für Moin und Co. und wie die ganze Region hier so tickt. Und wenn dir dann im Supermarkt wieder ein „Grüß Gott" rausrutscht, dann lachen alle versöhnlich, weil sie wissen: In Wahrheit gehörst du voll dazu.

20-40 PUNKTE: **MAXI MOIN**

Ein bisschen Luft nach oben is noch, aber du kannst dich im Norden durchaus behaupten und wirkst souverän im Umgang mit Küstenkultur, Sprache und kulinarischen Köstlichkeiten. Also beim nächsten Urlaub: Weg mit Tiroler Hut und Dirndl, ab jetzt wird sich in Fischerhemd und Friesennerz gezwängt und wenn dich dann jemand Ortsfremdes nach dem Weg fragt, dann schickst du den- oder diejenige freudig da längs und dort längs!
Du kannst das, du musst nur an dich glauben. Zum Verfeinern ruhig noch mal den Hörbeispielen lauschen, dann kannst du deiner Wegbeschreibung noch ein überzeugendes *„Frododomono"* beifügen. Und beim nächsten Mal verschenkst du bei diesem Test keinen einzigen Punkt mehr.

40-50 PUNKTE: **5-STERNE-MOIN-DELUXE**

Sagen Sie mal, sind Sie von hier? Dieser Satz ist wie für dich gemacht, wenn du nicht sowieso schon ein Kind der Küste bist. Denn so sicher, wie du dich im Bereich des Moin bewegst, bist du hier oben zu Hause un nix anners! Was soll man dir noch mit auf den Weg geben, außer: Weiter so und fahr doch so für Spaß auch mal woanders hin, also in den Süden, nach Bayern, Österreich, Italien und wat weiß ich nich allns, denn: Es ist immer so schön, wenn man dann zurückkommt und zum ersten Mal wieder mit einem breiten „MOIN" begrüßt wird und weiß:
„Digger, ich bin hier so was von zu Hause, das glaubst du gar nicht."

URKUNDE

Für: ______________________

Herzlichen Glückwunsch,

mit einer Punktzahl von ________ erreichst du

das große MOIN-Zertifikat –

– Norddeutsch in Wort und Schrift!

Na denn,
MOIN.

EIN HAM WIR NOCH - SCHNACK ZWISCHEN POEL UND PELLWORM

INHALTSVERZEICHNIS

„Moin“ ... 3
Moin-Basics ... 4
Forschungsstand Moin zusammengefasst: ... 5
Norddeutschland: Wo Schönheit noch von innen kommt ... 6
Moin-Kultur „da längs“ ... 7
Gruß-Kuddelmuddel in Deutschland ... 8
Grüß Gott? Servus? Nee ... *Moin!* ... 9
Weisheit des Nordens: Regen ... 10
Moin-Sprachkurs *Lektion 1* *Au Bone Phone* ... 11
Leuchtturm-Humor 1 ... 12
Wie Gott am dritten Tag den Strand schuf ... 13
Schnack zwischen Hamburg und Bremen ... 15
Die große Nordseekrabben-Lüge ... 16
Du gehörst in den Norden, wenn ... 17
Wir schreiben einen Nordkrimi – Teil 1 ... 18
Strand? Bei dem Wetter? ... 20
Tipps für die Anreise in den Norden ... 21
So schon mal gar nicht ... 22
Die 5 Genitive des Nordens ... 23
Das sagt dein Strandhandtuch über dich aus ... 24
Strand-Attitüde ... 26
Schnack zwischen Wilhelmshaven und Aurich ... 27
Ebbe und Flut ... und wie man mit einem Topf Büsumer Krabbensuppe die Tide erklären kann ... 28
Sag 's mit Muscheln ... 30
Moin! Kulinarisch: **BÜSUMER KRABBENSUPPE** ... 31
Da siehs ja den Strand vor lauter Steine nich mehr ... 32
Der Norden. Das Land der Fischköppe ... 34

Moin-Sprachkurs *Lektion 2 Eng Eins! See Goal* 35
Moin-Motto-Postkarten im Test 36
Moin-Activity - Wenn 's mal regnet 37
Zeitmanagement auf Norddeutsch 38
Wichtige *Moin*-Begrifflichkeiten: Friesennerz und Kuddelmuddel 40
Weisheit des Nordens: Orientierung 42
Wir schreiben einen Nordkrimi - Teil 2 43
Der Wiedergänger vom Süder-Watt 44
Leuchtturm-Humor 2 46
Die Top Ten der norddeutschen Worte mit M 47
Schluss mit der ewigen Schlepperei 48
Weisheit des Nordens: Gegenwind 49
Der Steinstrand-Dance 50
Schnack zwischen Lübeck und Lüneburg 51
Doppelt gemoppelt 52
Doppelmoppel-Grammatik 53
Moin! Kulinarisch: **SCHNÜÜSCH** 55
„Ich wüll ju wat mit Quicki!" 56
Das große *Moin*-Insel-Quiz 57
Finde die falschen Inseln! 58
Die schönsten Routen des Nordens – Die Erlösungstour 59
Wichtige *Moin*-Begrifflichkeiten: Horizont 60
Moin ist viel älter als angenommen! 62
Moin-Sprachkurs *Lektion 3 Sondergäng* 63
Wichtige *Moin*-Begrifflichkeiten: Lenkerdrachen 64
Das Franzbrötchen 65
Umziehen am Strand: Die-Vier-Typen-Lehre 66

Terra *MOIN* - Haithabu ... 68
Weisheit des Nordens: Wenn's nicht löppt ... 69
Teste dein „Nord-Feeling" ... 70
Wichtige *Moin*-Begrifflichkeiten: Musicals ... 71
Moin-Grammatik: Norddeutsche Präpositionen ... 72
Die Top Ten der norddeutschen Worte mit M ... 73
Sund, Förde, Fjord, Belt und Co. ... 74
Für unsere Rheinländer ... 76
Wie Gott (trotzdem) das *„MOIN, MOIN"* schuf! ... 77
Achtung, Ausland! ... 78
Moin! Kulinarisch: **LABSKAUS** ... 79
Die Dosis macht 's ... 80
Terra *MOIN* - Der Nordmensch ist ein Macher ... 81
Moin-Sprachkurs *Lektion 4* *Eimer Ozelot* ... 83
Moin-Test: Witziges Ostfriesland? ... 84
Wichtige Moin-Begrifflichkeiten: Ohnsorg-Theater ... 85
Steinstrand, Feinstrand oder lieber Deichrand? ... 86
Welcher Strand ist deiner? ... 87
Sonne, Sand und Meer ... 88
Warum der Hamburger *Hämbörger* heißt ... 89
Check dein Nord-Feeling ... 90
Gebrauch von Modalverben des Norddeutschen ... 91
Moin-Wappenkunde ... 92
Schnee?! ... 94
Weisheit des Nordens: Sommer ... 95
Der Norden in der Forschung ... 96
Heute kein Wind? ... 98

Berge im Norden! ... 99
Meerksatz Ostsee/Nordsee ... 100
Die Top Ten der norddeutschen Worte mit M ... 101
Grimm und Co.: Warum es so wenig Nord-Märchen gibt ... 102
Oha! ... 103
Weisheit des Nordens: Zuhause ... 104
Priel, Siel, Spüli und Mega-Perls ... 105
Wichtige *Moin*-Begrifflichkeiten: Tee ... 106
Moin als Mega-Mitbringsel ... 108
Moin-Strandwissen: FKK ... 110
Sag's mit Kfz-Kennzeichen ... 111
Weisheit des Nordens: Machen ... 112
Moin-Sprachkurs *Lektion 5 Frododomono* ... 113
Die Top Ten der norddeutschen Worte mit M ... 114
Moin-Zertifikat ... 115
Ein ham wir noch - Schnack zwischen Poel und Pellworm ... 121

Wir produzieren nachhaltig

- Klimaneutrales Produkt
- Papiere aus nachhaltigen und kontrollierten Quellen
- Hergestellt in Europa

FSC www.fsc.org MIX Papier | Fördert gute Waldnutzung FSC® C002795

1. Auflage 2023
– Originalausgabe –
© 2023 Lappan Verlag in der Carlsen Verlag GmbH,
Völckersstraße 14 - 20, 22765 Hamburg

ISBN 978-3-8303-6413-9

Alle Rechte vorbehalten. Das Werk darf – auch teilweise – nur mit Genehmigung des Verlags wiedergegeben werden.

Text: Olaf Nett
Audio-Sprecher: Ari Nett, Meike Nett und Olaf Nett
Audio-Produktion: Olaf Nett
Lektorat: Jana Legal
Grafik und Layout: Britt Hansen
Herstellung: Monika Swirski
Covergestaltung: Monika Swirski

FOLGT UNS! facebook.com/lappanverlag
Instagram.com/lappanverlag
www.lappan.de
www.lappankalender.de

BILDNACHWEIS: S. 4, 7, 13, 14, 23, 25, 38, 47, 57, 73, 74, 75, 77, 101, 105, 114, 117, 119, 126 Catpurrrs; S. 5, 72, 91 Maridav S. 6, 24, 25, 26, 30, 32, 50, 64,1 28 Olaf Nett; S. 8 Robert Biedermann (Landkarte), Nina Fedorova (Illustration); S. 10 Valery Evlakhov; S. 11, 35, 63, 83, 113 vectortatu; S. 12 Stefan Kral; S. 15 Bahruz Rzayev; S. 16 Melok; S. 19, 40, 41, 43, 64, 71, 85, 106 Alexander P; S. 20 Jean C Hebert; S. 21 powerhak; S. 22 Martial Red; S. 27 Ingo Menhard; S. 34 Nata Alhontess, tarubumi (Barsch), nickolai self taught (Sprotten); S. 37 Kseniakrop; S. 39 alex74; S. 44, 45, 90, 103 Arthur Balitskii; S. 49 mimin doodle; S. 51 Khuntul laut (Lübeck), Danler (Lüneburg); S. 55 Airin.dizain; S. 57 Robert Biedermann (Amrum, Rügen, Norderney, Fehmarn), Miceking (Pellworm, Usedom), Franzi (Sylt), Preres (Poel); S. 60-61 Aastels; S. 62 Vorobiov Oleksii 8; S. 67 Franzi; S. 79 Ribkhan; S. 81 Perfectorius; S. 82 Arthur Balitskii; S. 86-87 powell'sPoint (Steinsstrand), Blende8 (Sandstrand), M Gl (Deichrand); S. 89 Viktoria Win; S. 92-93 Miceking (Wangerooge, Spiekeroog, Borkum), boitano (Seehund), wikipedia commons (Wappen); S. 96 a bachelorette; S. 97 3d-sparrow; S. 99 BananyakoSensei; S. 107 Vectorgoods studio; S. 108 Purple Clouds (Flasche), owatta (Napf); S. 109 Alexander P; S. 110 Dimec; S. 111 Fabrizio Annovi; S, 115 Sloth Astronaut © shutterstock.com; S. 59 Artalis-Kartographie © stock.adobe.com

OLAF NETT findet immer wieder etwas Neues in „seinem" Norden. Fast jedes Wochenende ist er im Land des Moin unterwegs, früher beruflich für den NDR, mittlerweile als Familienvater, Hundebesitzer, Strandsteinesammler, Wattwanderer, Kanufahrer und all so'n Tüch halt. Im Norden auf Tour zu sein, macht ihn manchmal so happy, dass ihm nachweislich schon das ein oder andere „Moin, Moin" zur Begrüßung rausgerutscht ist. (Sünde!) Er gilt unter Freunden und Bekannten aber auch als Sabbelkopp.

Bücher für Nordlichter

ISBN 978-3-8303-6378-1

ISBN 978-3-8303-3562-7

ISBN 978-3-8303-3674-7

ISBN 978-3-8303-6423-8

FOLGT UNS! facebook.com/lappanverlag
Instagram.com/lappanverlag
www.lappan.de
www.lappankalender.de

LAPPAN
Bücher, die Spaß bringen!